普通高等学校体育专业教材

体育传媒产业

陈晓峰 编著

高等教育出版社·北京

内容提要

本书为普通高等学校体育专业教材之一。体育媒体产业是现代传媒经济中体育产业和传媒产业融合发展的产物，伴随着近几年来我国体育产业的蓬勃发展，体育传媒产业发展势头迅猛，但其在传播介质、经济属性和商业模式等方面有着自身独特的产业特点。本书旨在概述体育传媒产业特性的基础上对我国体育传媒产业的发展现状、市场运营、经营战略、发展趋势等进行较为全面的梳理与分析。全书共7章，主要内容包括：体育传媒产业概述、我国体育传媒的产业化进程、体育传媒的产业结构、体育传媒的市场运营、体育传媒产业的技术发展与消费群体、体育传媒产业的发展战略与资本运营、体育传媒产业的发展趋势。全书还通过二维码链接关联案例、拓展阅读等资料，供学习者直观、灵活地观看。

本教材可作为体育传媒、休闲体育等专业的本科教材以及从事体育传媒产业相关人员的指导用书。

图书在版编目（CIP）数据

体育传媒产业 / 陈晓峰编著. -- 北京：高等教育出版社，2019.6
ISBN 978-7-04-051614-2

Ⅰ. ①体… Ⅱ. ①陈… Ⅲ. ①体育-传播媒介-产业发展-研究-中国 Ⅳ. ①G812②G219.2

中国版本图书馆 CIP 数据核字 (2019) 第 047849 号

体育传媒产业
Tiyu Chuanmei ChanYe

| 策划编辑 | 廖倩雯 | 责任编辑 | 廖倩雯 | 封面设计 | 张　楠 | 版式设计 | 于　婕 |
| 责任校对 | 陈　杨 | 责任印制 | 赵义民 | | | | |

出版发行	高等教育出版社	网　　址	http://www.hep.edu.cn
社　　址	北京市西城区德外大街4号		http://www.hep.com.cn
邮政编码	100120	网上订购	http://www.hepmall.com.cn
印　　刷	三河市潮河印业有限公司		http://www.hepmall.com
开　　本	787mm×960mm　1/16		http://www.hepmall.cn
印　　张	11.25		
字　　数	180千字	版　　次	2019年6月第1版
购书热线	010-58581118	印　　次	2019年6月第1次印刷
咨询电话	400-810-0598	定　　价	23.00元

本书如有缺页、倒页、脱页等质量问题，请到所购图书销售部门联系调换
版权所有　侵权必究
物　料　号　51614-00

前　　言

现代体育的发展一直与传播革命的演进相伴随,从早期电子媒介的使用,到社交媒体的全球扩张,体育与传媒的共生关系已经成为现代社会的重要现象。体育传媒作为这种共生关系的产物和代表,经历了曲折而漫长的历史演进,并在不同的经济、政治和文化语境中呈现出各异的发展形态。狭义的体育传媒是指专门报道体育活动的新闻媒体,如体育报纸、体育杂志、体育广播、体育电视、体育新媒体等,广义的体育传媒还包括由核心的媒介生产所衍生的其他相关内容产品。在全球化进程的推动下,它们构成体育产业的重要组成部分,也成为传媒业专业化发展的典范。

当下,传媒业在传播技术革命的汹涌浪潮中正在经历着史无前例的变革与震荡,传统的操作范式和盈利模式在一个渠道多元、内容冗余的环境中遭遇前所未有的挑战与冲击。然而,体育传媒的发展依然保持着强劲的态势,无论是重要赛事品牌的转播权益,还是高价值体育内容的收视率,都呈现出逆势而上甚至风景这边独好的局面。这不仅是数字传播时代引人注目的产业现象,而且成为传播学领域值得深入探究的学术问题。

我国体育传媒业发展伴随着体育产业和媒体产业的变迁而日益壮大,尤其是 2008 年北京奥运会以来,体育传媒业发展的生态、形态和业态已呈现出日益丰富的特征。2014 年,国务院《关于加快发展体育产业 促进体育消费的若干意见》(国发〔2014〕46 号)下发以来,我国体育产业发展步入快车道。但是,与业界实践的日新月异相比,国内对体育传媒产业的追踪还较为欠缺。经济社会的发展,国民消费水平的提高,媒体实践与运营的创新,国内外资本的进退流转以及技术革新的驱动,都在影响着体育传媒业的发展和走向。这些影响因素的作用机制和内在关系是复杂的,然而毋庸置疑的是,它们共同影响着体育的传播方式、传播范围、传播效果和标准范式。

当传播进入全媒体时代,媒体融合成为新时代传媒产业的鲜明主题。正

前　言

如习近平总书记所指出的那样，全媒体不断发展，出现了全程媒体、全息媒体、全员媒体、全效媒体，信息无处不在、无所不及、无人不用，导致舆论生态、媒体格局、传播方式发生深刻变化。体育传媒业面向全媒体时代的发展既面临着共性的问题，又有自身独有的内在属性。与西方发达国家片面重视体育传媒的掘金能力不同，体育的传播在我国历来具有崇高的仪式感和肃穆感。体育传媒在社会发展中同样肩负着信息传播、舆论引导、社会教育、文化传播和休闲娱乐等多元化的功能，要代表最广大人民的根本利益，为广大群众提供健康、积极、全面的体育资讯和内容，以优秀的体育报道和赛事播出促进体育事业的改革和发展，完善民众对体育价值的认知，促进社会主义物质文明和精神文明建设。

本教材共分为7章，通过基本概念的阐述，产业脉络的梳理，前沿案例的汇编，旨在为有志于研究体育传媒领域的学习者提供一个入门导引和知识框架，使其了解产业发展的历史、概貌与趋势，为社会体育指导与管理、休闲体育、体育传媒等专业的学生以及从事体育传媒产业相关人员的提供指导。由于时间和能力所限，书中挂一漏万之处恳请广大读者批评指正。

编　者
2019年1月

目　　录

第一章　体育传媒产业概述 ·· 1
　　第一节　体育传媒产业的概念 ·· 2
　　第二节　体育传媒产业的创新理论 ···································· 5
　　第三节　体育传媒产业的时代特性 ··································· 10
　　复习思考题 ··· 15
　　参考文献 ·· 15

第二章　我国体育传媒的产业化进程 ····································· 17
　　第一节　我国传媒产业化的发展进程 ······························· 18
　　第二节　我国体育传媒产业化的发展进程 ·························· 22
　　经典案例 ·· 30
　　复习思考题 ··· 33
　　参考文献 ·· 34

第三章　体育传媒的产业结构 ·· 35
　　第一节　影响体育传媒产业结构变化的因素 ······················· 36
　　第二节　我国体育传媒产业结构的发展脉络 ······················· 39
　　第三节　我国体育传媒产业结构面临的问题 ······················· 43
　　经典案例 ·· 44
　　复习思考题 ··· 46
　　参考文献 ·· 47

第四章　体育传媒的市场运营 ·· 49
　　第一节　体育传媒的广告运营 ······································· 50

I

第二节　体育传媒赛事的市场运营 ·················· 66
　　第三节　体育传媒品牌的市场运营 ·················· 72
　　第四节　体育传媒品牌经营战略 ···················· 85
　　经典案例 ·· 90
　　复习思考题 ······································ 92
　　参考文献 ·· 93

第五章　体育传媒产业的技术发展与消费群体 ············ 95
　　第一节　体育传媒产业与技术发展 ·················· 96
　　第二节　体育传媒产业的受众 ······················ 104
　　经典案例 ·· 114
　　复习思考题 ······································ 118
　　参考文献 ·· 119

第六章　体育传媒产业的发展战略与资本运营 ············ 121
　　第一节　体育传媒产业的战略 ······················ 122
　　第二节　体育传媒的资本运作 ······················ 133
　　经典案例 ·· 157
　　复习思考题 ······································ 160
　　参考文献 ·· 160

第七章　体育传媒产业的发展趋势 ······················ 161
　　第一节　持续性的技术变革 ························ 162
　　第二节　多边市场平台 ···························· 166
　　第三节　全球资源配置 ···························· 170
　　复习思考题 ······································ 173
　　参考文献 ·· 173

第一章　体育传媒产业概述

21世纪是高度信息化的时代，知识经济和信息经济快速发展，并且逐步占据了主导地位。纵观传媒业的发展历史，从最早以报纸、期刊、图书为代表的文字传播，到后来以广播、电视为代表的信号传播，再到目前以数字化技术和新媒体技术为代表的互联网时代，传媒业形态多样、变革迅速。当然，现阶段传媒的意义已经不仅仅是简单地制造热点并进行信息传播，以体育传媒产业化、传媒市场化为代表的传媒变革越发引起各界的关注。

近几年来，随着"健康中国"战略上升为国家战略，体育传媒产业发展迅速，以乐视体育、腾讯体育和阿里体育为代表，处于体育产业链中游的互联网体育媒体，紧紧抓住体育事业高速发展的契机，快速全面地实施产业布局。除此之外，以CCTV-5、五星体育、BTV-6为代表的传统电视体育媒体和以《东方体育日报》为代表的传统体育文字媒体，也在尝试转型发展，谋求新的盈利路径。体育媒体产业是现代传媒经济中体育产业和传媒产业融合发展的产物，在传播介质、经济属性和商业模式等方面有着明确的界限。学习和研究体育传媒产业，首先需要明确产业的概况，本章将主要对体育传媒产业的概念、创新理论、时代特性等进行介绍。

第一节　体育传媒产业的概念

一、传媒

在不同的时代背景和社会形态下，传媒的概念和内涵也会随之发生变化，较为广泛的定义是："传媒是人体的延伸，存在于世界的每个角落和人类生活的方方面面。"美国传播学专家德弗勒认为："媒介可以是任何一种用来传播人类意识的载体或一组安排有序的载体。"中国传播学学者李彬认为："媒介是进行大规模信息传递的载体，是报纸、杂志、书籍、广播、电视、电影、通讯社等的总称。"[①]由此可见，传媒能够构建起人和事物之间的多重互动，即便是我们看到事物与事物之间的联系，也是以人和人之间的传播为核心内容。在此之中，能够构建起关系的中介事物，通常称为"媒介"。

国外学者对于传媒的研究历史较为久远，加拿大学者麦克卢汉认为"媒介即信息"。在他的定义中，"传媒对于人类社会的最大意义，不是它作为载体所承载的具体信息，而是它本身作为'人的延伸'所带来的人类对感知世界、认识世界、把握世界方式的改变以及由于这种改变而带来的对人类社会活动的影响。"当然，也有学者的观点与麦克卢汉恰恰相反，并且热衷于对传媒介质的研究。传媒介质的研究重点在于分类：第一类属于人际传播范畴，是人们面对面传递信息的介质，主要包括口语、表情、动作和眼神等；第二类属于大众传播范畴，并且多数为单项传播，信息接收主要是靠接收者的感官反应，信息发出则是依靠传播工具，包括绘画、文字、印刷和摄影等；第三类同样属于大众传播范畴，但是传播的方式开始趋于互动传播，信息的发出者和接受者都需要借助传播工具来保障信息的传递，包括广播、电视和互联网等。

广义的传媒是"传播媒介""传播媒体"的简称，包括"一切传播信息的人或机构，既包括以广播、电视为代表的电子媒体，以报纸、期刊为代表

---

① 李彬. 传播学引论（增补版）[M]. 北京：新华出版社，2003.

的纸质媒体,以网络媒体、移动媒体为代表的数字新媒体,也包括街头广告之类的非大众传媒(可以称为小众传媒)。"狭义的传媒专指大众传媒,是"专业化的传媒组织,运用先进的传播技术和产业化手段,以社会一般大众为对象而进行大规模的信息生产和传播活动。"相比之下,大众传媒的传播方式更加专业化,媒介受众更趋于一般化。因此,传媒是信息生产和信息传播的机构或组织,是信息和娱乐的载体,也是政治、经济和文化的传播渠道。传媒是一个巨大的舆论调控场,并且随着时代的发展,逐渐发展成为一个新的产业门类。其中,传播媒介的形态多样,人们使用传播媒介的方式也存在多样性。

二、传媒产业

1833年,美国"便士报"的问世标志着广告和传媒开始融合,现代传媒正式步入市场经济时代,并且逐渐演化成为一个高度专业化的新型产业门类,传媒经济由此出现。所谓传媒经济是指:"由媒介的信息公开而广泛传播引发的相关经济活动和经济现象。"这个概念中包括了三个较为关键的含义:"第一,强调信息传播在整个媒介中的基础性作用;第二,公开而广泛界定媒介的信息传播与其他种类信息传播的区别,这是媒介传播活动的重要特征;第三,经济活动和经济现象反应出现代媒介传播需要消耗大量的经济资源,其中既有人力资源,也有自然资源以及能源等。"[1]尽管个别的、偶发的传媒经济活动由来已久,广泛意义上的传媒经济则特指"在市场经济环境中的媒介生产、分配和消费实践。传媒产品的生产、流通、分配和消费过程,构筑了媒介运作的物质基础,使传媒经济融合成为国民经济体系的有机组成部分"。

产业是社会分工的产物,它的产生和发展与社会分工密不可分。产业并非宏观的国民经济,也非微观的企业经济和消费行为,而是"在社会生产力发展的不同阶段,由于社会分工主导形式的转换而形成的多层次的产业范围",本质上属于中观经济学的范畴。由此可见,对于产业的概念界定必须具有层次性,而且需随着社会生产力的发展而不断变化。

传媒产业是指与传播媒介相关的产业门类,又称媒介产业、媒体产业或

---

[1] 宋建武. 媒介经济学——原理及其在中国的实践 [M]. 北京:中国人民大学出版社,2006.

者传播产业。广义的传媒产业指："与传播活动相关的所有组织的企业经济活动的总和"，狭义的传媒产业指："除政府传媒管理部门以外的各类媒体以及为媒体生产提供产品或服务的组织、机构"。我们通常所说的传媒产业一般指狭义的传媒产业，涵盖范围较为广泛："既有宏观层面的传媒产业组织、结构、布局、关联和产业政策，也有微观层面上的生产经营主体、消费主体和商品供求关系等。"[1]传媒产业本质上属于信息服务业的范畴，传媒的信息来源即媒体所传播的内容，具有强烈的人文特征，属于文化事业的一部分，因此可将传媒业归为信息服务业与文化产业交叉的边缘性产业。

根据发展历程，传媒产业可以划分为传统的媒体产业和新媒体产业。在传统产业中有三类媒体：报刊、电视和广播，这是从商业模式角度进行的分类。新媒体是指："以数字技术为主要载体的一种媒体式样"。新媒体产业则是以新媒体为基础，通过网站、网络广播等形式形成的不同的新兴产业。此外，新媒体产业还有一些配套的服务公司，如围绕报刊主要有三类配套的公司，第一类是广告公司，第二类是发行公司，第三类是读者调查公司或发行量认证公司。电视媒体的配套服务公司主要有收视率调查公司、广告监播公司。收视率调查公司在全国主要的城市都有自己的调查网，通过日记方法和记录仪等对电视节目进行调查，每天采集收视数据并通过网络把数据汇集到总部的数据库处理，再将这些数据卖给广告公司、电视台等。广告监播公司的主要任务是把各个电视台的节目都录下来，然后通知广告主的广告是否播出。广播的配套公司主要业务是收听率调查。[2]

三、体育传媒产业

目前，对于体育传媒产业的明确概念尚无定论，多数定义的核心内容集中在体育媒体产业。本书对体育传媒产业的定义为：以互联网为主要传播介质，以体育信息传播为基础，在传播过程中形成新的产业组织、结构、布局、关联和政策，进而有意图、有规律、有规模地进行除内容产品以外的产品生产、加工、运作和营销活动，最终实现具有多重生产经营主体、消费主体和商品供求关系的完整产业链条。体育传媒产业的基础是体育信息传播，

---

[1] 孔炯. 传媒盈利模式 [M]. 北京：中国传媒大学出版社，2010.
[2] 李放. 中国传媒产业发展研究 [D]. 北京：北京交通大学，2009.

内涵是围绕体育信息传播过程所产生的组织、结构、布局、关联和政策以及生产经营主体、消费主体和商品供求关系等。

在体育信息的传播过程中，体育传媒产业根据生产过程，可以划分为体育传媒制造业、体育传媒流通业和体育传媒服务业。其中，体育传媒制造业可细分为体育传媒工具制造业、体育传播设施制造业和体育传媒产品制造业；体育传媒流通业可细分为体育传媒批发业、体育传媒零售业和体育传媒物流业；体育传媒服务业可细分为体育传媒咨询业、体育传媒广告业、体育传媒策划业、体育传媒投资业、体育传媒教育业、体育传媒代理（经济）业和体育传媒会展旅游业等。体育传媒产业根据发展历程，可以划分为传统体育媒体产业和体育新媒体产业。①传统体育媒体产业包括体育报纸、体育电视和体育广播，体育新媒体是指以数字技术为主要载体的一种媒体式样，包括体育网站、体育APP、体育移动通信等。除此之外，还有一些配套的体育服务公司等。

第二节 体育传媒产业的创新理论

对于体育传媒产业的研究主要集中在报刊、广播、电视和互联网以及其他类型的体育类专属媒介经济活动及其引发的各种经济现象，更加侧重于应用性研究。在研究体育传媒产业的过程中，必须认知和把握关于体育传媒产业的基础理论以及最新的理论成果。

目前，传媒经济学研究主要分为三个视角，第一是微观经济学视角以及与之密切关联的产业经济学视角，即结合传媒实践，讨论经济、金融、技术、组织对传媒体系、传媒行业和传媒机构的复合影响；第二是管理经济学视角，即深入传媒企业内部，研究成本收益、价格财务、需求供给等管理决策问题和内部治理、战略布局等内部决策问题；第三是政治经济学视角，主要研究传播工业的集中与垄断、文化影响、社会效果以及传播工业的发展问题。

---

① 郭富. 基于价值创造的中国传媒集团管理研究［D］. 天津：天津大学，2004.

一、媒介生态理论

关于媒介生态学的研究起源于北美的多伦多学派和纽约学派。尼尔·波兹曼于1968年正式提出"媒介生态"的概念，即"将媒介作为环境的研究"，并对媒介生态学进行机构化研究。马歇尔·麦克卢汉在《古登堡的银河系》《理解媒介：人的延伸》和《媒介法则：新科学》等著作中同样将媒介环境比喻为生态环境，并提出："媒介即信息、冷媒介和热媒介、地球村"等经典理论。

媒介生态学着重研究媒介技术的发展与革新及其对于人类社会文化发展的影响和建构，以技术为核心的媒介环境能够改变人的思维，进而改变社会的组织结构。美国学者克里斯汀·尼斯卓姆撰写的《面对媒介生态理论：人类传播系统研究理论范式集锦》开启了对媒介生态理论的系统化研究，并且成为正式研究媒介生态学的第一部著作。

刘易斯·芒福德开创了媒介生态学的研究方法，他撰写的《科技与文明》着重研究"媒介时代史学"，两部《机器的神话》采用例证法，从媒介生态学的角度对技术与文化的相互影响进行了分析。同样，哈罗德·英尼斯也是媒介生态学研究方法的奠基人，他的著作《帝国与传播》和《传播的偏倚》探讨了传媒的内在时空偏倚对于人类社会文化的影响。[1]

20世纪80年代，媒介生态学的研究侧重点开始转向媒介与环境的关系，乔亚舒·梅洛维茨的研究重点放在受众对大众媒介内容的反应，他认为："媒介是社会环境的一部分，受众选择媒介受社会环境的制约，同时媒介对社会也具有强大的影响力，受众的理解与其所处的情境密不可分。媒介的传播行为受到受众的制约，必须根据受众类型选择合适的传播方式与信息。"[2]

20世纪90年代，媒介生态学的研究侧重点再次发生变化，开始针对媒介符号、信息本质和传送特性等方面进行研究，着重论述在媒介传播过程中，符号和物理结构对于社会文化的影响。兰斯·斯瑞特和凯萨·曼孔卢姆在《新泽西传播学杂志》上主张研究媒介生态学的学术历史，重点讨论刘易

---

[1] 刘敏. 媒介生态视阈下的新闻平衡报道研究 [D]. 上海：复旦大学，2012.
[2] 孙滔. 西方媒介生态理论的构建、创新与困境 [J]. 中国广播电视学刊，2011（6）：30.

斯·芒福德关于"科技时代史学""有机科技论"和"批判王权机器"等问题的论述。

法国学者加奎·艾卢尔的《技术化的社会》和《宣传：人类态度的形成》也是关于媒介生态学较为有影响力的著作。日本学者梅棹忠夫致力于从生态学的视角研究信息社会，提出了"信息产业"的概念。21世纪初期，日本学者月尾嘉男、滨野保树和武邑光裕编写的《媒介环境原典》同样对媒介生态学的历史发展进行了梳理，并进一步完善了这一理论。

在我国，关于媒介生态学的研究始于清华大学的尹鸿教授，他认为："媒介生态学关注的是与人生存相关的动态的、变化的媒介环境，关注媒介对人的作用、作用过程、方式，特别是人类如何限制、控制、修正对媒介的使用，以维护、保持一种健康和平衡的媒介环境，使人与媒介、媒介与人之间保持一种和谐互动的良性关系。"此后，浙江大学的邵培仁教授开启了国内媒介生态学研究之风气，引发媒介生态学的大探讨。

邵培仁教授的《传播生态规律与媒介生存策略》一文"运用传播学和生态学的基本原理和知识，积极探索大众传播中微观、中观、宏观系统之间以及它们各个组成部分之间的生态关系和相互作用的生态规律，从而对传播过程中的个人、群体、媒介和其他社会系统之间的矛盾、冲突、协作进行分析，梳理出5种具有解释功能的生态规律，并探讨和论述媒介的生存策略。"①《论媒介生态的五大观念》提出："媒介生态观念是当代媒介生态学在市场经济条件下，建立'人—媒介—社会'系统的和谐关系和实现媒介生态系统良性循环的重要依据人类应该拓展新的认识，进而做出理性思考，化解媒介生态危机，确立科学的媒介管理方式，构建可持续发展的媒介经济，从而树立媒介生态的整体观、互动观、平衡观、循环观、资源观等。"②他主要就如何建设和谐、良性循环的媒介生态系统提出构想与建议。

二、媒体体育理论

竞技体育的发展离不开媒体的促进，特别是在20世纪80年代，欧洲五大联赛和美国四大联盟的迅速崛起，职业体育赛事的商业化程度不断提升，

---

① 邵培仁. 传播生态规律与媒介生存策略[J]. 新闻界，2001：26-29.
② 邵培仁. 论媒介生态的五大观念[J]. 中国传播学：反思与前瞻——首届中国传播学论坛文集，2002：257-265.

媒体与体育的关系日趋紧密，媒体体育的概念开始萌芽。1984年洛杉矶奥运会成为有史以来第一届实现商业化运作并进行媒体转播权售卖且盈利的奥运会，这一现象改变了人们对于奥运会和竞技体育赛事的根本看法，体育、文化和媒体的融合成为这一时期的关键议题，得到了加拿大、美国、英国等多个国家的高度重视。前期的理论研究和实践证明，大众媒介将原本传播能力有限的体育赛事通过技术手段加工处理，实现了更具表现力、影响力的广泛传播，体育所拥有的仪式感、戏剧性和精神力成为一种结构性的力量，而这种力量是现实中的传统体育赛事传播所不具备的。由此，媒介传播学开始与体育社会学结合，产生出一个新的研究领域，即媒体体育研究。

1998年，美国学者劳伦斯·温勒在《媒体体育》一书中，从传统信息传播研究和文化研究的角度，给出了媒体体育的概念。他认为："体育与传播的文化融合造就了一种新的产物，即媒体体育。媒体体育来源于媒介机构、信息文本和媒体受众的相互作用。"① 同年，澳大利亚学者大卫·罗在《体育、文化与媒介：不羁的三位一体》一书中提出"媒体体育文化的复合体"概念，成为媒体体育概念的雏形，用来指代涵盖"所有媒介和体育组织、过程、雇员、服务、产品、文本以及它们所创造的广阔而又有活力的当代体育文化世界"。② 大卫·罗着重研究媒体体育的产生过程和其生产内容，强调体育想象力、文化的力量在媒介传播过程中的影响。

2006年，关于媒体体育的理论研究开始在我国兴起。郭晴、郝勤在《媒介体育：现代社会体育的拟态图景》一文中首次引进温勒的概念，成为中国媒体体育研究的开端。2014年，郭晴、潘虹艳、魏伟在《美国体育与传播研究经典著述评析》一文中再次对温勒的学术观点进行了介绍，使我国媒体体育的研究得到了进一步的发展。从早期的媒介体育到现在的媒体体育概念，不同的表述方式其实已经明确了媒体和体育两个行为主体，反映出现不同阶段体育与社会、政治、经济、文化的紧密联系。特别是在互联网时代，媒体和体育都不能单独存在，体育信息和媒体选择也都不是单向的传播行为。对于媒体体育的理解应当更具现实性与丰富性，避免将其作为一种单

---

① ［英］安东尼·吉登斯. 社会学方法的新规则——一种对解释社会学的建设性批判［M］. 田佑中，译，北京：社会科学文献出版社，2003.

② ［英］大卫·罗. 体育、文化与媒介——不羁的三位一体［M］. 2版. 吕鹏译，北京：清华大学出版社，2013.

纯的传播重构行为，或者传播领域的文化现象来理解。①

2016年，张德胜对媒体体育进行了更进一步的研究，特别对媒体体育的概念和传播模式进行了论述并提出："媒体体育是体育新闻传播发展至成熟阶段的产物，是体育在媒体文化和消费社会交互背景下，一种多元化的传播方式。其模式由浅入深呈现出媒体建构体育、媒体介入体育、媒体控制体育三种传播模式。"

三、媒介丰富性理论

媒介丰富性理论起源于"信息丰富性"的概念，反映了媒介发展到一定程度的必然想象，是媒介管理学的经典理论之一。20世纪70年代，美国学者达福特等人致力于研究社会组织如何满足信息量需求并且减少信息不确定性的方式。由此可见，社会组织信息处理活动的关键是对于信息量的控制。1978年，美国学者伦格尔第一次对信息丰富性理论进行概念界定，他认为："信息在一段时间内具有改变理解和认知的能力。"此后，随着媒介传播手段的不断进步以及社会经济、政治和文化等影响，信息传播所依靠的媒介愈发多样化，组织在进行信息处理的过程中也不得不涉及传播媒介，媒介丰富性理论开始得到广泛重视。

1983年，达福特依照信息的丰富性程度将媒介重新划分，提出"富媒介和贫媒介"的概念，他认为："用户通过某一媒介学习得越多，该媒介就越为丰富，其丰富度的沟通排列顺序为面对面、电话、信函、书面文件和数字文件。"组织管理者对于传播媒介的选择需要综合考虑媒介丰富性和效果等价性，这样一个选择的过程实质上是一个有效沟通的构建过程，当媒介传播的信息丰富性与所指任务的价值以及传播效果的不确定性匹配成功，才能够保持信息传播的通畅。

随着新媒体的快速崛起，媒介丰富性的理论内涵再一次被拓展，传统的媒介划分已经难以满足现实中所出现的多重媒介维度。1999年，美国学者丹尼斯等人将媒介丰富性理论中的维度进一步扩展，提出："面对面地沟通并不总是'富有'的沟通媒介，'最佳'媒介或媒介集合的选择取决于这5个维度中哪一个对于给定情况来说是最重要的，单一的目标导向在社会互动

---

① 张德胜，张钢花，李峰. 媒体体育的传播模式研究[J]. 体育科学，2016（5）.

中很少发生。"①新的概念界定让原始的理论发生了巨大改变，尤其是在特定的情况下，媒介的信息丰富性已经不能够成为组织进行信息处理的单一标准。在信息传播的过程中，用户需要进行匹配的项目也随之发生了变化。

媒介丰富理论不仅仅适用于媒介管理学领域，在社会政治、经济和文化领域均有所涉及。从经济角度来看，媒介丰富性影响受众的消费行为，布鲁内尔等人曾针对网络购物进行分析并得出："在线商店的丰富性对消费者在线购买意图有着显著影响。"从政治角度进行分析，受众的互动性、参与性与媒体的媒介丰富性呈现正相关的趋势，媒介丰富性强的媒体信息传播，能够促进信息在传播者与受众之间达成有效共识，也会影响参与者对于相关政策的理解。从文化层面进行分析，由于媒介形态的变更，新媒体能够凭借媒介丰富性较高的优势，在媒体市场环境中获取更大的市场份额，为受众提供体验式服务，从而促进社会文化的传播。

当然，媒体的媒介丰富性与传播的任务等价性是否具有相互影响的作用，仍然有待考证。现阶段，大多数的理论研究偏向于质性分析，缺乏针对媒体内部和外部影响因素的实证分析。美国学者丹尼斯等人通过控制实验变量的方式，有效地限制了媒体的媒介丰富性，但是并没有能够影响到信息的有效传播，由此产生了对于媒介丰富性理论效用的质疑。由于新媒体迅速发展所引发的媒介变革，使得人们的生活方式发生了根本性改变，针对对于不同时期、不同阶段的媒体市场环境和内容传播的研究，仍然需要充实和完善。随着产业元素和市场元素不断介入媒体的发展，媒介丰富性理论的内涵和外延，也将再一次发生根本性变革，这部分内容仍然有待研究者们进行更加深入的探索。

第三节 体育传媒产业的时代特性

对于体育传媒产业的研究具有很强的学科交叉性。从本质上说，体育传媒产业是传媒产业的一个分支类型，从属于影响力经济的范畴，具备传媒产业的特性，包括：具有公共物品、准公共物品和私人物品的多种产品性质；

---

① 张淇. 媒介丰富理论研究综述 [J]. 传播力研究, 2017 (9).

具备同一产品同时参与两个完全独立的市场运作并相互影响的二元产品市场经济特性；具有广告支撑与内容支撑并重的商业模式特性等。

同时，由于体育文化传播的特殊性，体育传媒产业也具备了部分体育产业的特征，包括：最大限度地实现经济效益；组织形态由分散且独立的经济实体构成；运行机制以"生产—供应—需求"为基本框架等。当然，在传媒经济学、媒介管理学和体育传播学等多个学科的交叉融合过程中，体育传媒产业形成了自身独特的性质。

这些特性的产生一般具有很强的时代性和地域性，会受到当时社会的生产力水平、社会政治体制和意识形态等方面的影响，因此，体育传媒产业的特性会随着自身的不断发展和研究的不断深入呈现出逐渐稳定的趋势。

一、体育传媒业的产业特性

体育传媒业的产生和发展是为了满足受众获取体育文化信息的需求，体育传媒产业的形成则是为了满足受众在获取信息的同时能进行多元化、互动化和体验式的服务。由此可见，体育传媒业的产业化发展是随着人们日益增长的文化消费、精神消费的需求而产生的，是所谓审美经济、体验经济时代的产物。

体育产业和传媒产业本身具有多层次的产业链条，呈现出互相关联、相互影响的效果。而随着体育传媒业内涵的不断丰富，出现了从体育媒体受众到消费者的转变以及形态多样的体育传媒衍生产业。由此可见，体育传媒产业是由于体育产业链和媒体产业链的聚合式发展形成的，具有打通产业之间关联的产业链的作用，不仅可以推动相关产业的结构升级，也可以拉动其他产业的消费。

体育传媒业的发展具有很强的创新性，是文化、媒体和体育的融合，能够带动市场经济的繁荣，形成新的经济增长点。体育传媒产业不仅具有创意产业、艺术产业的特点，又要求与工业化、技术化生产相互关联，其创新也不是绝对的个人化、随意性的服务，而是经过充分的市场考察之后的批量生产和多产业结合的创新，并不等同于一般的艺术创作。①

体育传媒业的基本组成单位是媒体，任何媒体传播效果都离不开技术的

---

① 黄若涛. 体育传媒业的产业特性与产业发展研究［J］. 首都体育学院学报，2019.

发展。高新技术能够更好地展现体育文化的魅力，形成更具有市场竞争力的传播效果。当然，由于内容产品需要进行"二次售卖"，体育媒体产业必须通过新技术和新科技提升品牌效果，扩大影响力经济的范畴。高新技术不仅满足了高效的产业化批量生产要求，也推动了体育传媒产业内部新媒介技术的进步。

除此之外，体育传媒业还是一个人才密集、技术密集、资本密集的产业集群。其中，体育媒体从业者需要具备符合媒介发展的思维模式、职业技能和社交圈，具有高效传播的媒介技能并将其不断应用于内容产品的生产之中。体育传媒产业还具有跨行业资本合作的要求，从业者能够准确地进行产业融合和资本运作，保证其产品不仅面向世界市场，也在国家软实力中发挥重要的作用。

二、体育传媒产业的特殊性质

（一）版权依附性

体育传媒产业的基础是内容传播，内容产品在经过受众、广告两个市场完成"二次销售"，最终实现资本的原始积累。①其中，体育赛事为体育传播提供丰富的内容，吸引大量的受众，促进体育传播的专业化、国际化、产业化和科技化，是媒介进行体育传播的核心内容。受众关注的体育事件和体育明星，大部分是体育赛事中所包含或者延伸出的要素，这些要素也是构成体育新闻、体育电影与图书的主要内容。体育赛事版权在体育媒体产业的发展中，在受众、品牌和产品等多个方面起到了至关重要的作用，并且逐渐演变成为市场竞争的主体。同电影、电视剧的版权相比，体育赛事版权呈现出生命周期长，潜在因素多的特点。除世界杯、奥运会等大型赛事之外，职业联赛、杯赛的版权合约通常稳定在3~5年，其间会受到来自组织、协会和政策、舆论等各方面的影响，版权的价值会随之上下浮动。此外，同一般娱乐媒体相比，体育媒体对于体育赛事版权的原创能力较差，控制能力弱。同时，尚未完全开发的市场，并不完善的产业链条，这些因素使得体育媒体很难在短时间内掌控赛事整体发展方向，完成新的赛事开发。由此可见，体育媒体产业将在很长一段时间内，对体育赛事版权处于被动依附的状态。

---

① 牛勇平. 传媒产业资本运营 [M]. 北京:经济管理出版社, 2014: 24.

（二）产业聚合性

体育传媒产业虽然覆盖范围广泛，涉及领域众多，但是本质上仍然属于"影响力经济"范畴，即作为资讯传播渠道来影响受众的认识、判断、决策和行为。目前，我国"互联网+体育产业"领域可以分为 7 个类别，除体育媒体之外，还包括线上票务、智能硬件、赛事 IP、运动产品、体育旅游和体育基金（金融）等。在体育产业由制造业向服务业进行业态转变的趋势下，体育公司想要构建自身的品牌特性，需要依靠电子商务平台和新媒体社群平台进行推广。而体育媒体在初期发展中，内容平台已经基本搭建完成，这就凸显出了媒体的传播优势，即能够在短时间内完成多元化产业链构建。综合考虑体育媒体的发展历程以及市场环境的现实状况，不难发现体育媒体在进行产业扩张的过程中，产业布局的核心仍然是内容传播，内容产品的传播效果是构建品牌的基础；外延产品与内容传播的关联度则决定其商业模式的可控性和稳定性。由此可见，以互联网信息传播为基础的体育媒体，具有一定的产业拓展能力，并且这些产业项目和由此派生的各类产品与内容传播紧密相关，具有一定的产业聚合性。

（三）受众局限性

体育传播的效果分为"环境认知效果、价值形成与维护效果和社会行为示范效果"三个层次，是体育媒体用来衡量受众培养程度的重要理论依据。由于媒体的产业化发展，培养受众的消费行为成为必需的盈利手段。体育媒体产业的消费者，分为受众和广告主两类，而从普通受众到消费者的转变，主要受两个方面因素的影响：一方面，体育媒体的固定受众需要具备体育的审美能力，并且长期关注体育媒体的内容，进而形成思想和行为两方面的依赖性。另一方面，固定受众会根据主观思想，判断体育媒体产品的效用与代价，在同时具备一定购买力和购买意愿的基础上，最终成为真正的消费者。目前，同一般 B2C 模式的互联网体育产业相比，媒体产业兼具制造业和服务业的双重性质，由于超出了多数受众对于媒体本身的理解、认知范围，媒体在自身产业战略的选择和品牌效应的构建方面都存在着竞争难度。而在互联网传媒产业的发展中，体育媒体的内容产品在受众规模、付费程度和日常生活习惯等方面，远不及电影、电视和娱乐节目普及，在广告投放数量和收益等方面也处于劣势。由此可见，体育媒体对于受众的开发和培养尚未完成，在多个层面受众的局限性较为明显。

三、体育传媒产业的现实问题

（一）资本运营问题

体育传媒产业的资本运营问题主要包括：体育赛事版权水涨船高，产业链条不健全造成的资金回路体系缺失以及无形资本的管理混乱。具体表现为：第一，体育传媒对体育赛事版权的争夺异常激烈，媒体依托版权构建媒体品牌，占据市场份额的现象屡见不鲜，进而呈现出版权资源和媒体数量的不平衡性发展。第二，体育传媒产业不断进行扩张，却并未形成固定的发展模式，通过公司上市进行大规模融资，随后在其他产业进行投资的模式具有极大的风险，也不利于媒体自身的建设和市场的稳定。第三，体育传媒产业具有"二次营销"和影响力经济的重要特质，以技术、品牌为代表的无形资本在其发展中占据了很大比重，缺乏对于无形资本的合理化管理会造成整体产业的发展困难。

（二）产品盈利问题

体育传媒产业现阶段的主要盈利点包括：广告收益、会员售卖、产品营销和分销版权等。在产业发展中，存在的问题和困境具体表现在：第一，相比于一般娱乐媒体的内容产品，体育传媒的内容产品竞争力低下，难以得到广告主的青睐，长期持久的广告收益现阶段还难以形成。第二，我国的体育媒体受众尚未完成消费行为的转变，全面付费的模式难以开展，体育传媒的内容产品容易受到传统媒体的冲击，会员售卖和版权分销会受到一定的阻碍。第三，体育传媒的产业规模不断扩大，却始终未能产出能够获得广泛认可和极具市场竞争力的实体产品，产品的定位、内涵和外延都相对模糊。因此，体育传媒一旦融资失败，自身的盈利水平就难以维持现状，盈利能力也不断遭受质疑。

（三）人才流动问题

体育传媒产业的人才来源主要包括：体系化人才引进、基础人才培养和社会人才选拔等。人才流动存在的问题表现为：第一，体育传媒产业所引进的人才多数为传统媒体工作者以及符合其产业构建的关联性员工，这些人才虽然带来了丰富的行业经验，但也带来了原公司的固有习性和思维定式，由于媒体发展的速度与人才的适应能力不平衡，对产业自身造成了一定的伤害。第二，体育传媒产业的人才培养机制仍在沿用传统媒体的模式，由于行业人才需求量的不断增加，对于其培养的时间就会相对缩短，使得培养的人才很难快速成长并与引进人才形成良性竞争。第三，体育传媒的内容来源十分丰富，紧紧依靠媒体工作者很难完成，如何广泛吸纳社会人才也是一个必须要正视的问题。

（四）市场环境问题

体育传媒的市场环境问题主要包括：政策协调性问题、受众引导问题和宏观调控问题。具体表现为：第一，体育产业的不断发展得益于国家的政策支持，处于体育产业链中游的体育媒体产业，逐渐成为整体产业链的枢纽，这也是体育传媒产业爆发式增长的直接原因。第二，体育传媒产业的战略定位往往会忽略对于受众的引导，在同传统体育媒体、娱乐媒体和其他产业竞争的时候，体育传媒产业很难形成竞争力，而依靠文化融合来转变受众的思维是一个长期过程，因此无法在短期内形成良好的效果。第三，体育传媒产业在市场经济体制下滋生了无序竞争、资源浪费、定位失衡和合作机制缺失等现象屡见不鲜，宏观调控势在必行。

复习思考题

1. 简述体育传媒产业的概念。
2. 论述体育传媒产业的代表性创新理论。
3. 简述体育传媒业的产业特性和特殊性质。
4. 请举例并分析体育传媒产业中的现实问题。

参考文献

1. ［美］希伦·A. 洛厄里，梅尔文·L. 德弗勒. 大众传播效果研究的里程碑［M］. 3 版. 刘海龙等译，北京：中国人民大学出版社，2004.

2. ［加］马歇尔·麦克卢汉. 理解媒介——论人的延伸［M］. 何道宽译，北京：商务印书馆，2000.

3. 李正良. 传播学原理［M］. 北京：中国传媒大学出版社，2007.

4. 喻国明，丁汉青，支庭荣等. 传媒经济学教程［M］. 北京：中国人民大学出版社，2009.

5. 宋建武. 媒介经济学——原理及其在中国的实践［M］. 北京：中国人民大学出版社，2006.

6. 牛勇平. 体育传媒产业资本运营［M］. 北京：经济管理出版社，2014.

第二章 我国体育传媒的产业化进程

"传媒产业化"是指媒介资源配置及生产方式的分工化、集约化、市场化的过程。传媒业作为信息产业的重要支撑，信息制作与内容生产是其生存与发展的核心。我国传媒产业化始于20世纪70年代末的改革开放，随着中国经济开始由计划经济走向社会主义市场经济，我国政府逐渐认识到传媒发展的经济性。在政治、经济和社会大环境的综合影响下，我国传媒产业经历了漫长的发展转型过程，在不同发展阶段有着不同的特点。特别是体育传媒的产业化发展，深受市场经济体制改革的加速作用，在近40年呈现出不同的脉络和态势。

本章主要介绍我国1978—2017年近40年来各类传媒业的发展历程，探寻新时代传媒产业发展的新途径、新方法、新思路，为我国传媒事业以崭新的姿态屹立于世界传媒之林寻找出口。

第一节 我国传媒产业化的发展进程

一、萌芽阶段：1978—1984 年

我国传媒产业化的序幕始于改革开放时期，当时财政部批准了《人民日报》等 8 家中央新闻单位试行企业管理的报告，提出《人民日报》等新闻单位实行"事业性单位、行政性管理、企业性经营"。

我国传媒产业开始的重要标志是时隔 20 年之后传媒广告经营的恢复。1979 年 1 月，《天津日报》刊登了我国第一条报纸广告，随后《文汇报》发表专栏文章提出了广告存在的合法性。1 月 28 日，上海电视台播出了我国电视史上的第一则商业广告。5 月，中共中央宣传部明确肯定了报纸恢复广告的做法。

这一时期，传媒业主要受到当时刚起步的"商品经济"的影响，产业化处于萌芽阶段，进程十分缓慢。虽然新中国成立之初，也曾提出过"企业化经营"的发展思路，但由于私营和公私合营的报纸并存的客观环境，企业化经营主要出于减轻政府财政负担的目的，更注重操作层面。1957 年，我国完成了"社会主义三大改造"，报纸业开始国有化，"报纸企业化"的说法随之搁浅。改革开放后，我国商品经济起步及迎来发展，一些企业为开拓更大的市场便有了更多广告需求，媒体便自然而然地开始了广告服务，并走上探索自负盈亏的道路。①

二、初步发展阶段：1984—1992 年

1984 年，邓小平同志提出，改革的战略重点要向全面改革推进。1984 年 7 月，中国记者协会组织召开了改革开放以来的首次全国性报纸经营管理工作会议，中国报业由此进入高速发展的快车道。

1987 年，原国家科委首次编制的我国产业投入产出表将新闻事业和广

---

① 黄芝晓，陆柳. 中国传媒产业化的历程、机遇、挑战——复旦大学新闻学院黄芝晓教授访谈［J］. 甘肃社会科学，2007.

播电视事业纳入"信息商品化产业"序列。1988年,我国允许新闻媒体单位开展多种形式经营。同时,国家对新闻媒体的投入也从最初的"财政包干"到逐年递减,最后发展为独立法人,新闻媒体单位经济上独立自主、自负盈亏、自我约束、自我发展。①

从1984年开始,我国传媒产业化进程进入一个新的阶段,媒体广告数量大幅增长,广告额连年创新高。然而伴随着产业化的发展而出现的是从业者的职业道德问题,一些媒体和编辑、记者因盲目追求经济利益、专业素质不过硬而造成利用版面谋私等问题,为遏止此类不正之风,我国颁布了相关管理条例来约束市场和媒体从业人员。

20世纪80年代初,由于资金积累逐渐增多,许多媒体通过自主经营获得了可观的经济收入,走向产业化的物质条件开始积累,例如,开始增加职工收入、福利,改善工作条件,开展多种经营,重塑报社工作环境,创办新型印务中心,印刷手段从铅排转变为激光照排等。还有一些媒体单位开始投资房地产、办经营公司等,在探索这些新的经营管理方式和手段的过程中,部分媒体也提出一些内部管理中激励机制的问题,这是媒体走向产业化过程的关键一步。

我国传媒业在发展初期还具有实践引领政策的特点。政策和实践两者是辩证统一的关系,政策有时虽晚于实践,但政策的认可也会指导实践。政策性认可具有一定宏观性,体现了国家的意志和态度。中国传媒业的发展受我国政治环境的影响,体现了改革开放"摸着石头过河"的道理和精神。

三、快速发展阶段:1992—1999年

1992年,邓小平同志发表"南方谈话"。党的十四大确定建立社会主义市场经济体制的目标,我国全面进入经济转轨时期,这为传媒业走向市场奠定了体制基础。系列台、卫星台数量大大增加,报界出现了扩版热潮,我国媒介市场空前繁荣。

1992年6月,中共中央、国务院印发《关于加快发展第三产业的决定》,把广播电视归属为第三产业,并且指出"现有的大部分福利型、公益型和事业型第三产业单位要逐步向经营型转变,实行企业化管理",这也是指导我国媒介产业化发展的重要政策依据之一。

---

① 袁援. 中国传媒体制转型与传媒公共政策的重新定位[J]. 湖南第一师范学院,2008.

1996年,"广州日报报业集团"的成立标志着我国报业产业化进程的新起点,各家报业纷纷开始接近资本市场,寻求规模扩张,我国报业自此走上了集团化发展的道路,并逐步发挥了集团化的规模经济和范围经济效应。

1998年,第九届全国人大第一次会议明确提出,2001年以后包括报社、电视台在内的大多数事业单位要实行自收自支,"媒介产业化"的理论研究也被推向了新闻传播研究领域的前沿。

在这一快速发展时期,我国媒体市场"百花齐放",传媒产业异常繁荣。但是由于我国产业化发展历程短,仅用20年时间走过了西方传媒100多年的发展道路,发展存在许多现实问题。这些问题在一定程度上限制了传媒产业化的发展。因为,这一时期的传媒产业政策和法规是与计划经济时期的政治经济体制相配套的,在实践中,它比较有效地保证了党和政府对新闻传媒的控制,但却严重滞后于社会主义市场经济体制的建立和发展,阻碍了我国传媒产业的健康成长。

四、大发展大繁荣阶段:2000—2011年

2000年11月,我国第一家省级广电传媒集团——湖南广播影视集团组建成立。与此同时,我国传媒业的政策进一步放宽,《关于深化新闻出版广播影视业改革的若干意见》的出台,标志着我国允许新闻媒体有条件引入传媒业以外资金的合法性。文件进一步明确了要积极推进媒体的集团化改革,建立跨地区、多媒体大型新闻集团的目标,这充分显示了中央深化传媒业改革的决心。[①]

基于政策的支持,21世纪初我国还出现了报业集团化的高潮,2002年,全国共组建39家报业集团,广电媒体也开始走向集团化。建立媒体集团后,企业的对外竞争和对内管理都比原来有着量级的变化,这也标志着我国传媒产业化进入一个新的阶段,即把新闻作品不再简单地看成文化产品或者意识形态产品,而把它当作信息产品。媒体不再是以往"一对一"的单向传递,互动性和"去中心化"被提到新的高度。

从1979年上海电视台播出第一条商业广告开始,我国电视传媒行业的资源补偿方式就从完全依靠财政拨款改变为财政拨款和收入两种方式并行。由此,我国电视传媒企业的经营能力逐步增强。2009年,我国电视广告收

---

① 胡靓. 我国传媒产业化历史沿革[J]. 新闻爱好者(理论版),2008.

入654.03亿元,可以说,改革开放40年来,我国电视传媒行业无论在宣传能力还是经营能力方面均取得了举世瞩目的成就。

由于传媒业意识形态属性较强,一段时期内,我国对于"传媒产业化"的态度比较谨慎,但是,随着电视传媒业的商业价值凸显,特别是在我国加入WTO后,"产业化"的提法逐渐得到政府部门认可。2002年11月6日,江泽民在会见"电视与广播博物馆国际理事会2002年北京年会"与会代表时指出:"中国改革开放以来,经济建设和社会发展都取得了长足的进步。广播电视系统的体制改革也日益深化,广播电视系统的产业化不断发展。""中国广播电视行业是否可以产业化"的争论从此基本平息。原国家广电总局也在2003年年末提出将2004年确定为我国广播电视的"数字化年"和"产业化年"。

2001年12月,中国广播电影电视集团正式挂牌成立,这是当时我国最大的新闻传媒集团;2002年4月,中国出版集团公司成立。两大集团的成立,标志着我国实施以组建传媒"联合舰队"和打造"航空母舰"为重点的新闻出版广播影视业的改革进入了一个新的阶段。截至2005年1月底,原国家广电总局共批准成立省级广电集团(总台)14家,市级广电集团8家。

2009年7月,国务院常务会议审议通过《文化产业振兴规划》,规划中指出:"文化具有反向调节功能,面对经济下滑,文化产业有逆势而上的特点,这为创新文化体制机制、做大做强文化产业带来了契机","大力培育市场主体,加快转变文化产业发展方式,进一步解放和发展文化生产力,切实维护我国文化安全,推动文化产业又好又快发展,将文化产业培育成国民经济新的增长点。"传媒业是我国文化软实力的重要组成部分,做大做强传媒产业是彰显我国文化软实力的必由之路。

1-1:文化产业振兴计划

2009年以后,各类传媒集团如雨后春笋般成立、发展,我国传媒产业化进入大发展大繁荣阶段。但这一时期,传媒业的市场化程度有待进一步提升,主要体现在对新闻报道内容尤其是"负面报道"的适度放开和新闻产品发行的市场化探索方面。

五、传媒产业化发展新时期:2011年—至今

我国正式步入"移动互联网时代"是在2011年,在这一年,中国手机网民数量首次超过计算机网民数量,达到了3.56亿人。合理的竞争能够促

进发展，在传媒产业逐步市场化的同时，国家及时有效地配套了相应的引导、扶植政策，帮助市场健康成长。在这样良好的环境下，我国传媒业实现了从实体化到市场化经营的蜕变，整个产业呈现出产权、资本运营、业务经营等多元化发展的趋势。

互联网作为一种便捷、多元、直观的信息传递方式，极大地颠覆了传统媒介的信息框架。大众接收方式、话语权的重新分配以及对传媒产业规模结构的调整，乃至政府与社会关系的"连锁反应"，都展现了在新时代、新科技背景下，新兴传媒产业在社会中扮演的重要角色。2015年，我国传媒行业的整体市场规模达到12 754万亿元，同比增速高于国内生产总值增速，可以说逐步进入了中长期稳定发展的新阶段。

在不久的将来，我国传媒产业的发展方向必然是电子化、规模化、集团化和全球化。传媒产业的服务范围将不断扩大，有偿性服务所占的比重日趋增大，市场化趋势越来越明显，服务专业化程度不断提高。各大传媒企业通过收购、兼并等构筑综合性传媒产业集团，从而加速资本的聚集，使资产规模迅速扩大。在新的世界经济秩序中，中国传媒产业的资本运作与经营可能会出现一些新的变化。

在传媒产业化发展的新时期，传媒集团必须加快产业优化调整，摆脱垄断和守旧思想，努力增强企业自身实力，强化竞争能力，积极谋求符合自身发展的生存之道，与时俱进，汲取经验，扬长避短，借经济全球化的浪潮实现共赢。①

第二节 我国体育传媒产业化的发展进程

由于传媒产业化的内容生产特征，传媒业与其他行业关联性强，依存度高。以体育传媒业为例，它联结的是传媒和体育，随着传媒产业化的加速和体育产业化的推进，体育媒介的产业化属性更加突出。

在我国体育传媒机构体制转型的过程中，体育传播的社会效能具有事业功效和产业化功效相结合的混合型特征，事业功效是指生产公共产品，而产

---

① 胡正荣. 媒介的现实与超越——胡正荣自选集[M]. 北京：中国传媒大学出版社，2004.

第二节 我国体育传媒产业化的发展进程

业化功效则表明了为市场经济服务的立场。我们在认识体育传播的产业化问题时，必须清楚地界定体育传播产业化的概念及其内涵。体育传播的产业化是指将具有社会效能属性的要素经过改造和重组，使其按照价值规律和市场供需机制，逐步实现纳入经济轨道的转型。①

在计划经济向市场经济转型的大背景下，我国体育产业和传媒产业不断发展并相互促进和渗透，催生了专业的体育媒体。通过市场竞争机制的调节，体育报刊、体育电视等不同形态的体育媒体都不约而同地走过从粗放式经营向集约化经营转型的发展道路。在这个过程中，我国政府对传媒产业的管理模式从"全面管理"转向"重点管理"，围绕"简政放权"和"放松管制"，传媒机构也在内部经营管理和外部面向市场方面表现出极大的活力。

新中国成立以来，我国体育媒体的发展以及产业化进程整体脉络与传媒产业化的大背景相同，本书以1949年为起点，将我国体育传媒产业化进程分为5个阶段：

一、体育媒体产业化奠定基础阶段：1949—1978年

我国体育传媒最早的形态是体育广播。从新中国成立初期到改革开放前，伴随着中国体育事业及广播事业的发展，体育广播经历了一个从无到有的发展历程。虽然经历了一些波动，但由于广播在当时处于主要地位并且体育在国家政治生活中意义重大，我国体育广播事业的发展取得了长足的进步。这一时期体育广播的内容形态主要有体育赛事实况转播、广播体操节目和体育专题节目，还涌现出一批优秀的体育解说员。在很长一段时间里，由于技术、资金、信息等多方面的限制，广播在媒体中占据绝对优势，电视的影响力远不能与广播相比。

当时我国体育电视总体转播量还很小，转播项目较单一，主要集中在"国球"乒乓球上，在受众中的影响力也非常有限。同时由于大环境的限制，中国体育电视被主动隔绝在世界赛场之外。但在当时体育电视的雏形已经形成，赛事转播在体育电视中的重要地位被确立，一些体育新闻类常规节目也基本成型，电视体育转播作为新兴的传播手段获得了越来越多的认可，

---

① 刘小青，马敏卿，李泽群等.我国体育传播产业的特性与发展对策研究[J].武汉体育学院学报，2006（7）：35.

这些都为日后中国体育电视的发展奠定了基础。这一时期，传统体育媒体如专业体育报刊和综合类报纸的体育专栏诞生。1950年，新中国第一份体育专业期刊《新体育》创刊。中国最早的专业性体育报纸《体育报》也于1958年9月1日创办，1988年7月1日更名为《中国体育报》。新中国成立之初，体育报刊由体育主管部门管辖。作为计划经济时代的产物和国家体委的机关报，《体育报》的目标读者是地方体育机关或企事业单位负责体育的领导和相关人员，报道的内容以宣传体育锻炼方法、竞技体育取得的成就为主。当时，从中央到地方的新闻媒体都把宣传与普及体育运动作为一项重要的任务。为了贯彻落实党的体育方针与政策，宣传和普及体育运动，《人民日报》等综合类报纸很早就开辟了体育专栏，对体育运动发展的最新消息进行及时报道。当时除了一些有中国运动员参加的国际性赛事外，体育报道的内容主要是国内的群众体育活动情况。"文化大革命"时期，一些重要的体育媒体一度被迫停刊。但此时形成的体育报业媒体雏形已经为今后我国体育媒体的"拨乱反正"及蓬勃发展奠定了基础。

二、体育媒体产业化快速发展阶段：1979—1991年

改革开放以后，中国体育健儿参加了一系列大型国际体育赛事，取得了很多骄人的成绩，极大地激发了全国人民的爱国热情和对体育的高度关注。1981年，中国运动员包揽了第36届世界乒乓球锦标赛的所有金牌。1986年10月，中国女排获得世界女排锦标赛冠军，成为世界排球史上第一支获得"五连冠"的队伍。在1984年洛杉矶奥运会上，许海峰为我国实现了奥运金牌"零的突破"。全国范围内掀起的"体育热"为传媒提供了丰富的新闻资源，出现了体育类报纸创办的高潮，以《人民日报》《光明日报》等大报体育新闻版研究为代表，国内媒体在这一时期开始认识到体育新闻在受众中的广大影响力和政治感召力，许多综合性的地方报纸也开始将体育新闻作为重要的报道内容之一，出现了一批由各地体委创办的体育报，如上海的《体育导报》、湖南的《体坛周报》、江苏的《体育时报》等十几家体育报纸。原先由体育主管部门"单独办体育"的情况逐渐向体育主管部门与社会力量协同办体育转变。

这一时期，我国电视行业也进入快速发展阶段，尤以体育电视迎来了发展的高潮。一系列赛事直播在全国范围内造成了巨大的反响，国内电视发展的大环境也有了根本性改变。1983年4月，第十一届全国广播电视会议在

北京召开，对中国电视行业的发展具有里程碑式的推动作用。以赛事转播为龙头，以新闻节目为支撑，以常规类节目为辅助的中国体育电视特色和体系逐渐形成。

以珠江经济广播电台的诞生为标志的"珠江模式"改革，推行大板块主持人直播节目，提倡听众参与，从单向灌输变为双向传播和交流。在内容形态上也出现了大型赛事现场直播即"多点直播"和"先声夺人"两种新形式。

由此，我国传媒行业逐渐实现多元化，呈现出共同繁荣的新格局。20世纪80年代初，"信息"概念的引入逐渐对新闻领域的变革产生了极大的推动作用。

三、体育媒体产业化初步发展阶段：1992—2001年

20世纪90年代，媒体的双重属性成为学界、业界的共识，在我国新闻媒体产业化运作的发展实践中，体育媒体的产业化发展成为主力。

自1994年以来，足球、篮球、排球三大球职业联赛逐渐热络起来，我国体育赛事资源越来越丰富，国内一些原有的体育机关报开始转型面向市场，比如湖南的《体坛周报》、江苏的《体育时报》等。1994年6月，《新民晚报》社从上海体委手中以200万元的价格收购了《体育导报》并更名为《新民体育报》。随着《新民体育报》《球报》《球迷报》《足球周报》《体育参考》等一大批传统平面媒体的介入，我国的体育报业在办报质量上取得了较大的提高，数量从1985年的2种猛增至2000年的44种，其中足球类专项体育报的发行量更是直线上升，21世纪初形成了《体坛周报》《足球》和《南方体育》鼎足而立的格局。①一时之间，体育报业市场呈现出生机勃勃的发展态势。但由于电视、广播及互联网的迅速发展以及报业市场本身混乱的内部经营管理，2005年以后，传统体育报业逐渐没落。

20世纪90年代中期，我国体育电视步入专业频道化时代。由于有线网络的大发展和分众传播理念的建立，20世纪90年代初，我国广播电视网络建设进入高速发展时期，全国有线电视用户增长迅速，成为全球有线电视台用户最多的国家，这为频道专业化发展铺平了道路。1995年，中央广播电视总台开通了第一个覆盖全国的体育频道。在其后几年，国内体育频道数量

---

① 季方. 中国体育报纸的转型发展 [D]. 上海：复旦大学，2018.

不断上升，体育节目总量快速增长，各个频道所涉及的比赛、项目也日渐增多。欧洲五大联赛等赛事被纷纷引进，节目形态也从单一向多元转变。除了新闻和赛事外，体育频道还出现了新闻专题类、纪录类、娱乐益智类、博彩类等丰富多彩的节目形式，在节目制作水平上也有了长足的进步。2004年雅典奥运会上，中央广播电视总台首次承担了部分公共信号的制作任务，这表明至少在部分项目上中国体育电视制作的水准已经接近或者达到国际电视制作水准。体育节目的大量增加导致节目资源竞争的日趋白热化，这种竞争催生了中国体育电视的市场化意识，体育电视市场逐渐出现。

在广播领域，20世纪90年代，东方广播电台在上海创立，与之前的上海电台同时运作，开创了一个城市两家同级别电台公平竞争的新格局。合理的竞争为传媒的变革带来助力，打破了陈旧的"先本地后国际"的新闻播放顺序，取而代之的是更加符合观众需求的"先大事后小事"的排序方式。同时东方广播也更加注重树立品牌形象，加强电台与社会的联系，创造了一个新传媒的标杆性形象。"东广模式"在当时以传媒变革的先行者为人所知。

到21世纪初，北京、上海、广州、深圳等大城市先后建立新闻、音乐、交通等专业化频率，我国广播事业开始进入分众化和频率专业化的探索。在经历了三次变革和调整之后，广播的面貌有了较大改变，重新走进了现代人的生活。

互联网以数字化、多媒体、实时性和交互性等独特优势改变着大众的媒介接触习惯，对我国现有的传媒业进行了一场声势浩大的"传媒革命"。我国于1994年4月20日正式接入国际互联网络，1995年5月向社会开放网络接入和提供全面服务。据中国互联网络信息中心调查显示，网络在我国呈现出持续、快速地发展态势，网络媒体一出现就成为体育报道传播的重要媒介。1998年法国世界杯足球赛，新浪网、中华网等门户网站一炮而红，21世纪体育网、中国足球等专业体育网站在当时也产生了很大的影响力，带动了网络体育媒体的整体发展。门户网站中体育频道的发展和体育专业网站的兴起，成为这一阶段网络体育媒体发展的两个主要特点。

四、体育媒体产业化蓬勃发展阶段：2001—2009年

2001年7月13日，北京成功赢得第29届夏季奥运会的主办权，同年10月7日，中国国家男子足球队赢得了2002年"韩日世界杯"决赛圈资

格,实现了中国男足"冲出亚洲、走向世界"的历史性突破,这是那一年中国体育界发生的两件大事。与此同时,这一阶段的媒体不断呈现出分众化传播、专业发展的趋势,媒体间的竞争也突破了地域限制,新媒体开始对传统媒体产生强烈地冲击,媒体之间相互融合和渗透,涌现出一批跨地区、跨媒体甚至跨行业的媒体集团。

"韩日世界杯"之后,由于国足屡屡惨败,负面事件频出,不仅使球迷远离了赛场,同时也波及以球迷为主要受众的体育专业报纸。当时整个体育报业发行很萧条,多家报纸宣布休刊,包括《球报》《南方体育》等,只有《体坛周报》一枝独秀。同时随着高尔夫、网球等新兴体育项目市场的壮大,受众的多元化需求越来越突出。为了满足不同受众对信息的需求,体育平面媒体开始进入了分众传播时代,即出现了《篮球先锋报》等一大批以单项体育项目为主的刊物。

随着信息时代的到来,新媒体开始占据越来越多的体育媒体市场。这一时期,以新浪、搜狐为代表的门户网站在资本的支持下构建了以海量信息为特征的媒介平台,开始抢占传统媒体的市场份额,对传统媒体产生了较大的冲击。

电视体育频道发展得过快过猛的"后遗症"在这个阶段逐渐显现出来。除了少数几个专业体育频道外,大部分省级、市级专业体育频道举步维艰,被迫转型。截至 2007 年,全国省级体育频道仅剩下 17 家。[①]一大批体育频道被清理出局,如四川、重庆等地的体育频道就在集团化之后彻底转型,而上海、北京、广东等地在集团化改革之后,体育频道的实力比过去更加强大,不仅实现了全天 24 小时的播出,节目形态也更加丰富,成为中国体育电视市场上一个稳定而重要的增长极。

这轮大调整加速了全国范围内体育电视行业的资源整合。2008 年,由辽宁、山东等多家省级体育频道联合新疆维吾尔自治区体育频道组成的中国体育联播平台正式开播。这是我国唯一由众多省级体育频道实现同步播出的、跨省区域的联播平台,首创"联合引进、联合制作、联合播出"模式。地方体育频道的联合无形中提高了体育电视市场化的程度。与此同时,在这轮大调整中,付费电视异军突起,从根本上改变了电视台全靠电视广告的营

---

① 瞿巍. 中国体育电视五十年发展研究 [J]. 成都体育学院学报,2009:1-4.

收模式，为中国体育电视创造全新的运营模式，呈现出巨大的发展潜力，但付费频道真正实现全面推广还需要较长时间的市场培育。

自此以后，我国体育电视的格局基本得到确立。中央广播电视总台"一台独大"的格局基本被保持下来，而经济较发达地区和体育基础较好地区的体育频道继续做大做强，被迫转型存活下来的体育频道开始寻找更广泛的合作方式以维持生存。

五、体育媒体产业化发展新时期：2009年—至今

近年来，我国的体育事业蒸蒸日上，体育传媒市场不断发展壮大，不仅增加了受众、产品的市场价值，还在很大程度上促进了体育传媒产业化的发展进程。在这一过程中，不断有资本投入，资本的支持反过来作用于体育产业化的加速。

随着体育传媒业的不断发展，受众的需求呈现多样化的趋势，对传播的途径与方式也有了更高的要求，传媒产业化发展需要更为规范、合理的操作流程，有必要对行业内部进行自由整合，实现规模化发展并增加经济效益。[1]

2009年，国务院常务会议审议通过《文化产业振兴规划》，把发展文化产业作为一项重要的国家战略，在该政策的影响下，我国文化产业产值较上半年同比增长17%。同年12月，中国国家网络电视台成立并开播（简称"CNTV"），CNTV是以视听互动为核心、融网络特色和电视特色于一体的全球化、多语种、多终端的立体化传播平台，在内容供应上通过组织全国网络视频联盟的方式，吸收各地电视台及其他媒体机构的节目源，并积极鼓励网民特别是青少年上传自己制作的网络视频。其收视终端并不局限于电脑屏幕、手机、户外广告屏、电视，还覆盖了飞机、火车等交通工具的移动屏幕，最大限度地为受众提供便捷。

"三网融合"指的是广播电视网、电信网与互联网的融合，其中互联网是核心。2010年年初，"三网融合"获得国家政策许可，进入实质性推进阶段，这也预示着广播电视、通信、互联网同时向下一代转型，朝着提供语音、视频、网络接入等多种业务的方向发展，一些新的媒体形式如网上广播影视、IP电视、移动多媒体广播电视、手机电视等也不断涌现。

---

[1] 农平. 论我国体育产业化的媒介发展道路［J］. 中国报业，2011：103-104.

随着CNTV的开播以及"三网融合"的实质推进，传媒产业与信息产业的融合更加深入，促进了渠道运营者和内容提供者的协同合作，这也是我国传媒产业数字化发展中的重要突破，为我国传统传媒产业实现跨地域、跨媒体的经营提供了突破的可能。

数字新媒体形式推动了产业的变革。从内部来看，产业布局以及运行机制是为了适应新的媒体形式而做出的调整；从外部来看，传媒经营空间逐渐扩大，新技术在提高媒介经济效益的同时也增加了对行业外资源的吸引力。我国是人口大国，随着经济和社会的不断发展，人们对文化的需求日益增加，对体育以及体育新闻的兴趣也会推动体育传媒产业的发展。可以预见，在新技术的帮助下，通过网站、新媒体平台等新兴媒介，中国体育传媒产业将迎来全新的发展时期。在这一发展新时期，由于我国大多数体育媒体体制机制尚未完全市场化，体育传媒产业链尚未健全，产业的资金规模、人力资源等还远远不够，结构上存在缺乏系统性等问题，在赛事版权交易和体育节目的制作方面也有违背市场规律办事等情况。面对这些"硬伤"，体育媒体要想真正做大做强，应在不断规范体制机制的基础上，学习借鉴国外成功企业的做法，以资本运作的方式，通过并购或战略合作等把具有较大发展潜力和成长空间的如电视传媒、报刊等平面媒体和网络媒体相联合，构建一个立体的传媒网络，实现从"单一化经营"向"多元化经营"的转变，更好地适应体育传播的要求，赢得市场主动，更好地为体育产业提供全方位的服务。

本章小结

我国经济社会的飞速发展使传媒业日新月异，在运用新技术、开发新媒体形式及创新资本运作等方面成效显著。但客观地看，与繁荣发展的国际传媒业相比，我国传媒业还有很大差距。从宏观整体观念及认识上来看，我国传媒业定位尚不够清晰，市场体系建设不够完善。从微观层面看，还存在企业管理水平不高，市场化发展不够规范，现代企业制度尚未建立等问题。因此，梳理我国传媒以及体育传媒产业化的进程，分析传媒产业存在的问题并找出其中的内在原因，不仅是推进下一步传媒产业化、市场化、国际化发展的必要前提，更是整个行业贯彻落实国家"文化产业振兴"战略构想，履行社会政治、经济、文化责任，保证国家文化安全的重要基础。

经典案例

"五星体育"频道是上海文化广播影视集团有限公司（SMG）旗下的全资子公司，是国内一流的体育内容和服务提供商。"五星体育"是国内仅有的几家获得国际奥委会资格认定的体育赛事电视公用信号制作机构之一，拥有的赛事版权覆盖中超、英超、NBA、CBA、F1、网球大师赛等国际顶级赛事。公司虽然以企业化作为考核标准，但SMG每年还是会给出预算指标，公司的经营活动要向上级主管部门报备，人才培养和管理机制都由上级部门主导。2009年，五星体育正式改为传媒有限公司，并开始采用企业化人员聘用机制，从社会招收非编制员工。受到采编与经营分开的影响，SMG要求五星体育参与市场竞争，以企业化管理模式发展传媒产业。

（一）产业结构

五星体育的产业结构可被看作"金字塔结构"（图2-1）。

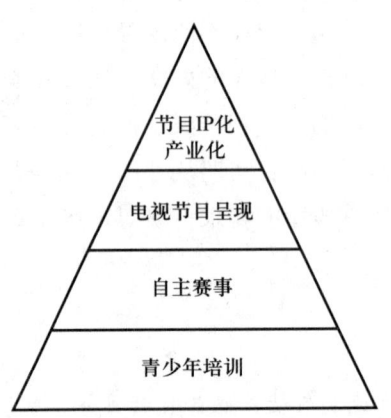

图2-1 五星体育"金字塔"产业结构

由图2-1可知，五星体育会将青少年培训作为其当前和未来产业结构的基础，主要是对青少年的体育培养，为举办自主赛事准备体育人才。在如今拥有强大资本背景的新媒体掌握着重要的赛事版权，传统媒体竞争乏力的局面下，开发自主赛事是五星体育寻求生存的重要一环，具备自主办赛的能力后还需要将其节目化，因为电视节目的呈现是五星体育最主要的媒介内容。掌握了优秀电视节目的主动权，就要向产业结构最顶层的，节目的 IP 化和产业化目标转型最终目的是将受众往具备盈利点的区域和范围导流。

以棋牌类节目《弈棋耍大牌》为例，自 2011 年 3 月节目播出以来，该节目不负众望地成为五星体育电视收视率最高的王牌节目之一。无论是节目的前期策划还是剪辑制作，五星体育费足心思，不仅邀请上海地区知名的体育解说人担任节目嘉宾，还让他承担起"黄金时段"的收视重任。其实节目本身无法直接实现盈利，真正盈利的是官方游戏网站。玩家在网站注册成为会员，用支付宝或微信支付等方式为账号充值金豆进行线上竞技，成绩优秀者便有机会参与电视总决赛的录制。2013 年 1 月 14 日，五星体育与上海梦驰网络科技有限公司共同投资合作，成立了上海五星网络科技有限公司，开始建设以《弈棋耍大牌》为品牌的"五星体育棋牌游戏平台（以下简称 17dp）"，官方网站的正式域名改为 www.17dp.com。现还开发出了手机游戏客户端，这也是五星体育旗下网络科技公司上线的第一个手机 APP。APP 的推出意味着五星体育的棋牌类项目进入社交网络领域，进行全媒体的运营与推广。截至 2016 年，17dp 已拥有注册用户 689 万人，付费率达 20%，平均从每个用户身上盈利 100.4 元。由此可见，五星体育的棋牌类游戏已形成一套较为完善的盈利模式，为公司的产业化发展提供了良好的经营思路。据五星体育总经理翁伟民透露，未来几年五星体育将打造《弈棋耍大牌》成为公司的 IP 代表率先上市，成为传媒产业发展的探索先锋。

（二）盈利模式

新媒体对体育资源的分割，让传统媒体的生存状况愈发严峻，五星体育也不例外，受到市场环境改变的影响，2014 年五星体育减少了 5 000 万元的广告收入。即便 SMG 还是给出了 2.4 亿元的运营指标，五星体育还能完成 1.8 亿元，盈利 6 800 万元。到了 2015 年，公司广告收入出现悬崖式下跌，五星体育只能达到 1.3 亿元的收入指标，在此情况下，为了提高收入，公司要求朝着商业化的方向发展（图 2-2）。到 2016 年，五星体育的收入大约在 2.2 亿元，利润约为 5 800 万元。

根据图 2-3 所示，五星体育 2016 年的广告收入占总收入比例为 52%，产业拓展占 24%，版权分销占 12%，子公司的盈利占 12%。可见广告收入是目前五星体育的最主要盈利点，毕竟作为广告投放的最主要平台——电视节目仍是传统媒体最具优势的传媒内容。产业拓展指的是媒体通过制作整合营销方案，由后续方案执行而产生媒介产品，将产品落实到传媒活动中，找到它们与其他商业领域联动的切入点，进行产品内容经营。产业拓展的内容包括赛事制作、线下活动以及自主赛事的举办等。版权分销是指五星体育目前所掌握的赛事转播资源，包括英超、NBA常规赛等，通过对外分销获得收益。子公司收入又称投资收入，比如与他人合办公司，若公司获利，那么五星体育可作为股东获得分红，这是一种长期股权的投资回报。

广告收入	57.7%
产业拓展	14.2%
版权分销	16.3%
子公司的盈利	11.8%

图 2-2　五星体育 2015 年总收入比例表（百分比）

广告收入	52%
产业拓展	24%
版权分销	12%
子公司的盈利	12%

图 2-3　五星体育 2016 年总收入比例表（百分比）

2-1：关于推动传统媒体和新媒体融合发展的指导意见

通过五星体育几年的经营收入数据可见，公司在逐渐改变过度依赖广告收入的局面，不断加深自身的商业化、市场化进程，拉长产业链，虽然改变较为缓慢，甚至不太明显，但仍处于不断摸索发展中。除了广告收入、产业拓展、版权分销、子公司的盈利，五星体育融媒体产业也将成为公司新的收入渠道。

2014年8月18日，中央全面深化改革领导小组第四次会议审议通过《关于推动传统媒体和新媒体融合发展的指导意见》，将媒介融合、产业融合上升到政策层面。为了响应国家号召，同时更好地与体育产业结构接轨，五星体育开始致力于打造融合型的传媒产业，构建多维盈利模式。

(三) 市场运营以及资本运作

五星体育传媒有限公司主体的市场运营内容包括：体育传媒内容生产、广告业务经营、节目版权营销、赛事信号制作、体育赛事组织、体育活动推广和品牌授权经营等业务。五星体育在作为内容提供商和产品运营商的同时，增加了大量的经营范围，包括：电脑图文设计制作、票务代理、体育赛事策划、演出经纪、商务信息咨询、文化艺术交流筹备及策划服务、旅游咨询、旅行摄影、健身服务。其中服务类产业是五星体育市场运营中十分重要的内容，具体包括：

1. 体育健身服务类产业

五星体育作为上海地区最知名、历史最长久的体育媒体之一，从公司成立之初就把自己定位为上海地区体育传媒的"龙头"，致力于服务上海市民享受更好的体育资源，扩大其在周边地区的影响力。鉴于公司之前树立的美誉度和口碑度，若能发展体育健身服务业，五星体育很可能进一步吸引节目之外的受众，并有更多的平台吸引广告商的赞助。

2. 自主赛事服务类产业

除了场馆，开办自主赛事也是服务类产业的一环。体育赛事包括"超一流的顶级赛事IP"和"一流的赛事IP"，如中超、CBA、ATP网球大师杯等，但这一类型的赛事五星体育较难介入，于是公司把目标定位于"超一流的全民IP"，比如"上海国际马拉松赛"这种群众参与程度高的赛事。对于传媒公司而言，消费者就是受众，受众数量越多盈利的可能性就越大。所以举办自主赛事，开发赛事IP是五星体育未来经营的必要选择。

除了服务类产业，五星体育还可通过建立子公司，投资企业的方式来实现资本的运作。

复习思考题

1. 简述传媒产业化的内涵。
2. 简述我国体育传媒产业形成发展的历史进程。
3. 分析电视传媒和互联网传媒的异同点。
4. 分析体育传媒产业化进程中的各阶段的主要特征。

5. 举例说明"三网融合"在体育传媒产业中的影响。

参考文献

1. 董天策. 中国报业的产业化运作［M］. 成都：四川人民出版社，2002.

2. 喻国明. 关于我国未来五年媒介产业发展态势的若干预测［J］. 科学新闻，1999.

3. 唐月民. 中国电视传媒产业化研究［M］. 北京：新华出版社，2010（12）.

4. 胡正荣. 媒介的现实与超越——胡正荣自选集［M］. 北京：中国传媒大学出版社，2004.

5. 王兰柱. 广电产业化进程中的节目形态演变［M］. 北京：中国传媒大学出版社，2007.

6. 崔保国. 中国传媒产业发展报告（2007—2008）［M］. 北京：社会科学文献出版社，2008.

第三章 体育传媒的产业结构

体育传媒产业是指一切与体育传媒相关的经营实体。本章以体育传媒的产业结构作为研究对象,主要将其划分为三类:传统体育传媒业、新媒体体育传媒业和融媒体体育传媒业,以此梳理整个体育传媒产业结构的横向与纵向发展历程,并结合国内、国外体育传媒实例,分析影响体育传媒产业结构优化发展的具体因素,使学习者更加清晰地认识体育传媒的产业结构。

第一节 影响体育传媒产业结构变化的因素

随着国家政治、经济、文化的发展,整个社会的传媒环境也会随之变化,在保证体育传媒生态环境稳定的同时,为了维持自身的发展,体育传媒产业化是产业发展到一定程度的可行性之路,其内部产业结构也受到各种因素的影响。

一、传媒政策的改变

传媒政策或传媒制度的改变是体育传媒产业结构发生变化的重要原因。尤其在我国,这是推动产业结构演变最直接、最重要的力量。

我国传媒业在20世纪70年代以前,一直都承担着较为单一的属性和功能,虽然1949年12月新闻总署曾提出实行报纸企业化经营,但1957年以后,企业化经营的尝试全部停止,新闻单位只能作为政府的宣传部门,这个时期我国的传媒业被习惯性地称为"新闻事业",无产业化、市场化的趋势和迹象。自1978年改革开放以来,我国社会经济水平飞速发展,传媒业的属性开始逐渐发生改变,尤其是20世纪90年代后,传媒业"事业性质,企业化运作"的双重格局得以形成。之后,我国体育传媒产业逐渐发展起来,以报纸、广播、电视等为代表的几大板块主导着整个产业格局。如今,我国体育传媒产业正面临着双重转型,一方面市场结构需从强制性制度变迁占主导转变为诱致性制度变迁与强制性制度变迁相结合;另一方面行政性因素逐渐减弱,经济型影响力量不断提升。

转播收入一直是体育传媒产业的重要收入来源。据普华永道会计师事务所统计,2014年美国体育核心产业的总收入为605亿美元,其中来自媒体版权的收入为146亿美元,占总收入的24%。美国四大联赛体育传媒的版权收入分别为:NFL转播收入70亿美元;NBA转播收入9亿美元;MLB转播收入16亿美元,NHL转播收入6亿美元,总计101亿美元,是总转播收入最主要的来源之一。

2000年,原国家广播电影电视总局、国家体育总局下发了《关于加强体育比赛电视报道和转播管理工作的通知》，通知表明国内外重大体育赛事的电视转播权，统一由原中央电视台负责谈判与购买，其他各电视台（包括有线广播电视台）不得直接购买，只能通过与中央台协商获得部分转播权。①这极大地限制了地区体育频道的发展，在一定程度上违背了公平竞争的原则。但随着传媒体制改革与体育版权市场的放宽，一些具备雄厚资本的集团进入到版权资源的竞争中，使中央电视台的赛事资源垄断地位有所动摇。尤其是2014年10月，国务院下发了《关于加快发展体育产业促进体育消费的若干意见》（简称"46号文件"），明确规定放宽体育赛事转播权的限制，表明除奥运会、亚运会之外的国内体育赛事，地方电视台可直接购买或转让。此外，2015年国务院颁发的《中国足球改革发展总体方案》中第44条规定，中国境内的足球赛事电视转播权正式引入市场竞争机制，允许新媒体参与足球赛事版权竞争，拓宽赛事转播平台，创新赛事推广运营模式，实现我国足球版权市场的良性竞争，促进融媒体对足球运动的推广效力。这一规定大大拓展了新媒体在足球转播市场上增收的渠道。除了赛事版权，我国传媒产业格局在2014年发生了重大改变，这一年也被称为"媒体融合元年"。2014年8月18日，中央全面深化改革领导小组第四次会议审议通过了《关于推动传统媒体和新兴媒体融合发展的指导意见》，媒体融合上升至国家战略高度。该《意见》的最后一条强调要发挥市场机制作用，坚持"看得见的手"和"看不见的手"相结合，在行政力量和市场规律的共同作用下，探索以资本为纽带的融合发展之路。②

3-1：中国足球改革发展总体方案

一系列政策和意见的出台，使我国体育传媒产业结构发生了巨大转变，传统媒体的固有优势受到冲击，产业结构中的新媒体得到快速发展，整个体育传媒产业都在市场经济的作用下谋求发展。

二、技术创新的影响

随着科技的突飞猛进，信息技术和互联网更为深入地给传媒产业的存在形态和发展趋势带来革命性影响，促进产业结构不断升级。

1996年，美国政府为适应信息革命的新形势，加快信息化进程，抢占

---

① 国家广播电影电视总局，国家体育总局.关于加强体育比赛电视报道和转播管理工作的通知[Z].2000-1-24.

② 熊蝶.双重属性框架下五星体育传媒业态变迁研究[D].上海：上海体育学院，2018.

全球信息产业的制高点，在全面修订的基础上颁布了《1996电信法》，基本解除了通信业、传媒业与信息业之间传统的行业壁垒，放松管制、鼓励竞争，完成了适应传媒业发展的制度创新。①

数字技术的普遍应用，改变了受众接受体育信息的固有方式，如电视、报纸、广播等传统媒介平台，转向更习惯于使用手机、平板电脑等移动化、智能化、便捷化设备，通过新媒体客户端接收体育信息，观看体育节目。随着传播技术的发展，受众与媒介的互动性不断提高，受众的消费需求也从单向转变为双向。2015年"爱奇艺"首次发布了我国《网络视频个人付费行业白皮书》，数据显示从2014—2015年中国视频个人付费市场总收入增长了3.8亿元，同比增长178.1%，这表明受众的网络视频付费习惯正在形成。传媒产业供需结构会因需求结构的改变而改变，市场结构也趋于多元化，由垄断型逐渐向竞争型转变，并在体育传媒产业内部形成电视、出版、广播、网络等媒介相互融合且渗透的大众体育传媒。

所谓大众体育传媒，是由技术创新引领的，使体育传媒产业结构中各部门之间的界限模糊化，产业壁垒从刚性转向粘性所带来的必然结果，归根结底是媒介融合的产物，包括传统媒体与新媒体的融合，体育传媒产业与其他产业的融合等。体育资源的配置也不再局限于几个传媒部门，而是将其分配到整个产业结构中，从而达到产业结构逐渐优化、合理化的目的。

三、产业融合的影响

产业融合是指由于技术进步和管制放松，发生在产业边界和交叉处的技术融合，改变了原有产业的产品特征和市场需求。产业融合进一步推动了产业结构的调整，使传媒集团不断做大做强，产业结构逐渐向知识集约化、多元化、合理化与高级化发展。②

"三网融合"是我国传媒产业结构发生改变的典型案例，"三网融合"也被称为"三网合一"，指在有线电视网络、电信网络和计算机网络的相互作用下逐步整合成信息通信网络，其中互联网是其核心部分。③上海的五星

---

① 庞春燕.文化视野中的中国传媒业发展探析[D].郑州：郑州大学，2003.
② 陶喜红.媒介融合背景下传媒产业结构转型分析[J].当代传播，2010(4)：65-67.
③ 石长顺，石婧."三网融合"下的传媒新业态与监管[J].现代传播(中国传媒大学学报)，2010(8)：65-67.

体育频道作为体育传统媒体的代表，在"三网融合"的影响下专门研发了融媒体互动系统，系统由内容采集汇聚、互动展示、微信互动、导播控制、内外网传输5个子系统组成，全面渗透到节目制作"采编播"全流程中，开发了互联网内容汇聚功能、内外网传输功能、大屏互动功能，通过微信投票、竞猜、抽奖等互动功能。目前，五星体育融媒体互动系统已产品化并取得了一定的社会效益和经济效益。随着"三网融合"的不断深入并上升为国家层面战略，今后将不断催生新的"大媒体"，从而影响我国体育传媒的产业结构。

也有学者认为在产业融合进程中，传统传媒产业的纵向一体化结构逐步裂变为横向一体化结构。①所谓纵向一体化产业结构是指产业链的每一环节都是由一家企业承担，横向一体化结构是指每一环节由不同的企业分别承担，比如说传媒公司的制播分离。以北京电视台体育频道为例，2015年以前，北京电视台一直秉持着"为播出而制作"的理念，从新闻生产到广告招商的过程都是由电视台把控，是单一的事业型纵向结构，频道内部几乎不存在产业化一说。2015年以后，北京电视台体育频道开始实行独立运营，将节目制作与经营理念融合，从"为播出而制作"转变为"为市场而制作"，进一步深化产业道路，实行产业融合。2017年还成立了由北京电视台全资多属的北京京视体育发展有限责任公司，全面代理北京电视台体育频道广告业务及其他体育相关的经营性业务，朝着横向一体化结构发展。因此可见，产业融合是体育传媒产业结构发生变化的重要推动因素之一。

第二节　我国体育传媒产业结构的发展脉络

区别于美国等发达国家的体育传媒产业结构，因受到国情、体制等特殊性的影响，我国的体育传媒产业结构发展历程虽然较为缓慢，但仍处于不断变化发展之中，并与国家整体经济发展战略规划相吻合。我国体育传媒产业结构的发展大致可以分为几个阶段。

---

①　肖赞军.产业融合进程中传媒产业的市场结构——从纵向一体化向横向一体化的演变[J].湖南师范大学社会科学学报，2010(3)：138-141.

一、寡占型体育传媒产业结构，传统媒体占主导地位

自改革开放并逐步实行社会主义市场经济体制以来，"事业性质，企业化管理"成为我国传媒业新的属性。但由于一段时间内传媒本身的特殊性，传统体育媒体肩负着传播党和国家重要意识形态思想的重任，要时刻谨记"把关人"角色，进行社会舆论的引导，处于这一时期，在党和政府的支持下，体育传统媒体发展迅速，在体育传媒结构中占绝对的主导地位，形成寡占型体育传媒产业结构。

所谓寡占型体育传媒产业结构是指体育传媒的产业构成主要集中在几个大型的体育部门或单位。以体育电视传媒为例，我国的电视传媒大多市场化程度较高，尤其是以地方体育电视台为主要发展模式，产业壁垒较高，主要的体育资源都集中在省级或市级电视台手中。尽管在 2000 年前后，全国出现了 60 多家体育频道，但很多地方电视台并没有认清自身的发展定位，盲目拓展，到 2001 年国家新闻出版广电总局颁布了《关于加强体育比赛电视报道和转播管理工作的通知》，通知下发后，许多地方体育频道经营不利，纷纷被其他频道吞并或重组，此后国家大多数重大的赛事资源由中央广播电视总台垄断。在这当中，由于上海、广州等地区的经济发展水平高，本土体育赛事资源较为丰富，体育媒体专业化程度较高，这些地区也诞生了如五星体育、广东电视台体育频道这样优秀的体育电视媒体，甚至在某些时段，地方体育电视台的收视率超过了中央广播电视总台。[1]

传统媒体发展迅速，自然会吸引广告商的注意。仅 2003 年，我国全年的广告收益就高达 800 亿元，其中以报纸、广播、电视、杂志为代表的四大媒体广告收益增幅均在 20% 以上。寡占型产业结构意味着广告会集中在少数几个传统媒体手中，致使很多实力不强的传统体育媒体在竞争中被淘汰。

同一时期，新兴互联网产业已形成"四强争雄"的局面，新浪、搜狐、网易和中华网瓜分了大部分的体育网络资源。当时因受我国互联网行业发展程度的限制，网络体育媒体无论在专业性、权威性还是受众数量上，仍无法与电视、广播、报纸等传统体育媒体抗衡。因此，整个体育传媒产业结构呈现出传统媒体占主导的寡占型的结构特点。

---

[1] 熊蝶. 双重属性框架下五星体育传媒业态变迁研究[D]. 上海：上海体育学院，2018.

二、新媒体后来居上，竞争型体育传媒产业结构逐渐形成

2008年对于中国体育传媒产业的发展来说是至关重要的一年，北京奥运会的成功举办离不开媒体的努力，尤其是对奥运会和残奥会全球转播的参与，使我国体育传媒行业的专业水平和国际化程度大大提高，产业化进程也逐步加快。北京奥运会期间，体育网络媒体也得到了极大的发展，它们积累了大量网络报道、赛事转播的经验，为之后的产业化拓展奠定了基础。

2010年是我国媒体产业取得重大成就的一年，将制播与采编系统相分离，区分"公益性媒体"和"经营性媒体"。主流媒体既兼顾传统优势，也注重新兴资源的开发与经营，以实现媒介转型。与此同时，从这一年开始，我国的新媒体快速发展，对传统媒体产生了较大的冲击。截至2017年12月，我国的互联网普及率已达55.8%，稳居世界互联网使用人口数量之首。庞大的网民数量成为我国互联网产业的发展基础，促使互联网使用终端多样化的程度越来越深，推动了互联网媒体产业化进程。

2010年—2014年，短短5年时间，微博、微信等基于网络媒体发展起来的新媒体从诞生到壮大，PPTV、乐视体育、新浪体育、腾讯体育等体育新媒体不断掌握新的体育赛事资源。一直以来处于绝对优势的传统媒体在广告收入上受到了冲击，中央广播电视总台"一家独大"的局面受到前所未有的冲击，新媒体凭借强大的资本支持，不断拓展产业链，挖掘传统媒体内部的优秀人才。传统体育媒体也纷纷抛弃固有思维，从真正意义上朝产业化迈进。"互联网+"时代的到来使新媒体与传统媒体的竞争越来越激烈，产业内部生态重构，新老媒体融合发展，融媒化成为常态。同时，体育传媒产业的外部边界不断外扩，泛媒体化成为趋势，竞争型体育传媒产业格局逐渐形成。

三、网络寡占型市场结构成为新趋势，体育传媒产业走向融合

体育传媒产业的融合也是由体育本身所具有的特性决定的。体育赛事受空间、时间、观赏性等因素的影响，为了获得更好的观赏体验，观众希望借助信息技术的发展实现随时随地观看赛事直播的心愿。在竞争日趋激烈、白热化的发展阶段，大量传统媒体倒闭了，体育新媒体市场也出现泡沫化。为了各自的生存与发展，媒体融合、产业融合成为谋求生存的"曙光"。2014年8月18日，中央全面深化改革领导小组第四次会议审议通过的《关于推动传

统媒体和新兴媒体融合发展的指导意见》（以下简称为《意见》），将媒介融合、产业融合上升为国家战略层面，并列入"十三五规划"发展要点之中。

在经济学领域，杨丹辉、杜传忠等学者认为，网络寡占型市场结构有4大特点：一是企业的市场关系体现出寡占型特征；二是企业之间体现出网络性协作的关系特征；三是企业具有复合型的组织结构；四是网络型寡占市场结构体现出合作竞争的态势。①《意见》中要求：推动媒体融合发展，要按照积极推进、科学发展、规范管理、确保导向的要求，推动传统媒体和新兴媒体在内容、渠道、平台、经营、管理等方面深度融合，着力打造一批形态多样、手段先进、具有竞争力的新型主流媒体，建成几家拥有强大实力和具有传播力、公信力、影响力的新型媒体集团。由此可见，体育传媒产业的网络寡占型结构主要是指新媒体与传统媒体的产业融合，并以在产业内部建立几个影响力强大的媒体集团为目标。此外，体育传媒产业的融合还包括产业之间的融合，比如文化产业、旅游业、房地产业等与体育传媒产业的互相融合与竞争发展。

体奥动力（北京）体育传播有限公司是体育传媒领域中将网络寡占型产业结构诠释得较为成功的案例之一。作为华人文化产业旗下的子公司，体奥动力主要以版权分销运营为核心，同时又涉及体育营销、体育信号制作、体育动漫和体育经济等领域，是一家全产业链的体育运营公司。2015年9月，体奥动力作为一家体育媒体公司，战胜中央广播电视总台等对手，斥资80亿元买下中超联赛5年的赛事版权，在整个体育传媒圈惊起轩然大波。根据体奥动力官网介绍，公司不断拓展着体育产业的边界和布局，包括为各类媒体制作赛事信号，对版权分销、VR直播、体育经纪人培训和游戏及电影的投资等。近几年，该公司还将产业布局延伸至酒类行业，与陕西西凤酒营销有限公司和国际冠军杯（ICC）组委会达成协议，使西凤酒成为2017年国际冠军杯中国赛区的唯一指定白酒品牌，通过此次签约三方也正式达成了战略合作。借由种种途径和探索，体奥动力体育传播有限公司力争将自身打造成为中国顶级体育传媒集团。

综上可见，我国传媒产业化发展阶段与我国的政治、经济、文化发展等各方面息息相关，侧面反映出我国体育产业与传媒产业的发展规律。

---

① 陶喜红.中国传媒产业市场重构［J］.中央民族大学学报（人文社会科学版），2010（3）.

第三节 我国体育传媒产业结构面临的问题

一、制度约束阻碍融合型产业结构的形成

我国的体育媒体尤其是传统媒体易受国家体制、政策的影响，不论产业化程度如何，都要始终坚守媒体的意识形态把关属性，与国家导向相一致。如今我国影响力大的传统体育媒体绝大多数属于国家所有，传统体育媒体若想做到与新媒体融合，很难通过开放言论及舆论市场化等与其他新媒体竞争。

此外，融合型产业结构一般采取投资或成立其他产业领域子公司的方式进行，体制的约束在某种程度上会阻碍传统媒体的资本运作及市场化程度。

二、区域分割严重，资源分配不平衡，产业结构发展差距大

体育传媒的发展容易受到区域的影响，受经济发展水平和政策影响程度大，对该地区体育资源的数量和体育传媒产业结构的成熟度有较大影响。以上海市为例，一年中平均每个月都有全国级或世界级的体育赛事，如F1、上海大师杯、上海国际马拉松赛、国际短道速滑等，每一项赛事都为体育传媒产业的发展带来了各种机遇，上海市目前正着眼于建设"全球著名体育城市"。而像我国西部一些经济发展较为落后的地区，体育传媒产业结构很难发展得像上海一样成熟。

区域分割还易导致分散竞争，使传媒集团规模扩张受到较大限制。一些传媒集团在当地具有绝对的垄断力量，但在全国范围内，其竞争优势不再凸显，与世界顶尖的传媒集团发展差距较大。此外，我国部分地区当地政府为了保护独有体育资源，一般不会将资源共享给其他地区，由此也阻碍我国形成实力强大的体育传媒集团，并带动形成我国寡占型体育传媒产业结构。

三、恶意竞争阻碍体育传媒产业结构的合理化

高水平的新闻人才是体育传媒得以生存和发展的基础，然而随着新兴媒

体的不断涌现，人才流动变得十分普遍，流失率大大增加，且由于部分传媒人急于成名，传媒公司急于求成，投资方急于获取经济回报，导致三方不能很好地寻求利益平衡点，使体育传媒人才市场产生了恶性竞争，阻碍了我国体育传媒产业做强、做大的目标。

自2010年以来，大量资本涌入体育传媒业，导致转播价格被不断哄抬，部分拥有丰富转播经验，但资金不太充足的体育媒体需花费比以往更高昂的价格去赢得赛事转播资源等，加重经营赤字，最终导致各部门产业结构发展不平衡。

本章小结

体育传媒产业作为第三产业的一部分，它的发展和自身结构的优化关乎整个第三产业结构的合理化。受传媒政策、技术创新和产业融合等因素的影响，我国的体育传媒产业结构在不断地发生改变，与美国等发达国家相比，我国体育传媒产业结构形成时间较晚，成熟度与合理性也较差，发展之路任重而道远。未来，中国的体育传媒产业发展，还需要各产业部门的相互配合，使融合型的体育传媒产业结构愈加成熟，朝着更优质、合理、高效的目标不断前进。

 经典案例

ESPN：美国体育传媒业的旗舰

ESPN全称"娱乐与体育电视网"，隶属于美国迪士尼公司，是全球最大的体育电视网，总部设于美国的布里斯托市。自1979年9月7日成立以来，它已成为全球最大的体育电视网，拥有美国本土频道及2个海外电视网，其卫星网络覆盖180个国家和地区，在全世界范围内拥有丰富的体育赛事转播版权。

ESPN公司包含了各式各样业务形态，是一个庞大的体育全媒体集团，其主要业务是发行广告和专题赛事买卖，电视网络的发行占其主导地位。除此之外，ESPN的产业还涉及电台广播、网站、体育杂志、主题餐厅、商品销售和手机服务等领域。与我国体育传媒发展相比，美国的体育传媒行业同样受到本国政治、经济、文化等因素的影响，呈现出自身的特点。

（一）单一化的传统媒体产业结构（1979—1994年）

1979年成立之初，ESPN只是个全天24小时播放体育节目的有线电视网，从默默无闻到成为美国最受欢迎的体育电视媒体和最大的有限电视台，后来更是发展成为首家拥有美国国内四大职业联赛（NBA、MLB、NFL、NHL）电视转播权的体育媒体。1992年1月1日，ESPN广播网正式开通，为遍布全美的700余家电台提供体育资讯。1993年10月1日，ESPN在原有频道的基础上还开办了ESPN第二频道，作为第一频道的补充，增加了包括电影、娱乐杂志、访谈节目和游戏类节目，走上了体育娱乐化的道路。在1995年以前，ESPN的主要经营业务都局限在电视、广播等传统媒体方面，还没有在互联网方面做出尝试。不过由于ESPN的电视节目制作水平精良，赛事转播技术处于世界领先地位，它的广告收入足够支撑起媒体的运营。

（二）进行产业融合，建立全媒体帝国（1995年以后）

1996年，ESPN被迪士尼收购，加快了其产业融合的进程。在传统媒体领域，ESPN在1998年创办了自己的体育杂志《ESPN杂志》，该杂志连续4年获得"全美十大最受欢迎周刊"。

随着美国信息网络技术的创新和互联网产业的发展，1994年，ESPN和保罗·艾伦的公司合作，官方网站开始上线运营，开启了新媒体之路。1998年9月3日，该网站域名变更为"ESPN.com"并沿用至今。而据国际网站排名机构的数据，2014年，"ESPN.com"在体育类网站中综合排名位列第一。值得一提的是，ESPN于2016年于我国腾讯联手，开发了中文版的官方网站。

除了建立官网，ESPN还加强了自身与社交媒体的融合。2010年5月17日，ESPN的"Facebook"官方专页开始使用；2011年ESPN公司建立"Twitter"账号，除此之外，还相继在"Instagram""Google"等社交网站上设立官方账号，在扩大宣传渠道的同时，第一时间发布相关信息，加强与体育受众的交流互动。移动客户端方面，2004年，ESPN和微软合作推出ESPN移动服务，MSN用户可以通过手机及时获取比赛信息；

2009 年，ESPN 推出其在 iPhone 和 iTouch 上的 ESPN "Score Center" 软件；2011 年，ESPN 通过苹果应用商店发布了可以观看电视节目的 "Watch ESPN" 应用软件；2013 年 11 月，ESPN 将 "Score Center" 改名为 "Sports Center"，同时支持苹果 IOS 系统和安卓系统。凭借与新媒体产业的融合，据统计，ESPN 在 2013 年的收入接近 90 亿美元，占据美国体育移动传播市场大约 35% 的份额。

除了媒体之间的融合，ESPN 还做到与其他领域产业的融合。例如 1998 年，ESPN 在迪士尼的支持下，在美国马里兰州的巴尔的摩市创立首家由其授权特许经营的餐饮娱乐加盟店，这意味着 ESPN 正式开启餐饮行业的大门。在体育用品业方面，ESPN 开设了体育用品商店，并与美国各大职业联赛的球队合作，出售各个球队的球衣、衬衫、外套、球帽等相关产品。游戏产业是 ESPN 现在着重发展的产业领域之一，以受众多体育迷欢迎的 "Fantasy Games"（梦幻游戏）为代表，以现实体育比赛的数据为游戏基础，组织每一个参与的游戏玩家进行对战和排名，这个游戏在美国拥有大量的在线玩家。除此之外，公司还针对该游戏推出了游戏期刊，以供游戏玩家参考。如今游戏产业给 ESPN 带来巨大的经济效应，使得该公司不惜投入重金来促进游戏产业的发展。用户通过电视、网络等渠道观看比赛，间接被影响去体验游戏，后以游戏充值，有意识或无意识接触到 ESPN 投放的广告，从而给 ESPN 创造出可观的收益。

由此可见，和中国的体育传媒产业结构相比，美国发展的时间更早，在 20 世纪 90 年代初期便走上产业化发展道路。并且，现在美国的体育传媒产业结构显得更加成熟，产业融合的程度更高，并由此产生了巨额的经济效益。我国的融合型产业结构仍处于起步阶段，还需持续不断地探索。

复习思考题

1. 简述体育传媒的产业结构内涵和类型。
2. 体育产业布局的影响因素有哪些？
3. 简述寡占型体育传媒产业结构的概念和特点。
4. 举例说明体育传媒产业融合的趋势。

5. 举例说明我国体育传媒产业结构面临的问题有哪些?

参考文献

1. 陶喜红. 中国传媒产业市场结构重构 [J]. 中南民族大学学报（人文社会科学版），2010（30）.

2. 李庆年. 后奥运时期我国电视体育频道资源研究 [D]. 重庆：重庆大学，2011.

3. 尹卓成. 传媒产业发展视角下我国产业结构调整探析 [J]. 金融与经济，2014（9）.

4. 胡正强.《中国传媒产业市场结构演变研究》简评 [J]. 新闻前哨，2014（10）.

5. 年炜. 浅析体育与传媒产业融合发展 [J]. 科技展望，2016（26）.

6. 张韬，高飞. 五星体育融媒体互动系统架构和关键技术研究 [J]. 电视工程，2016（04）.

第四章 体育传媒的市场运营

随着我国经济的不断发展,体育传媒产业的市场化程度逐步提升,体育传媒的市场运营和资本运作在近些年得到快速发展。本章首先以广告和体育赛事经营为基础,通过理论研究,结合国内外的实际案例介绍我国体育传媒的市场运营内容,并分别从广告、赛事、品牌运营和市场经营的角度出发,借鉴相关经验分析我国体育传媒产业经营的战略,并从资本扩张、融资、并购和上市等方面介绍我国体育传媒的资本运作方式。

第一节 体育传媒的广告运营

市场经济飞速发展的今天，广告已经成为人们生活中不可或缺的一部分，尤其随着传媒的普及和社会化，传媒广告已成为人们日常生活中极为重要的宣传手段。加上信息网络技术以及民众对体育关注度的提高，众多广告主和体育广告公司乐衷于借助体育赛事、体育明星、体育场馆等体育相关媒介，向受众传播产品信息、品牌内涵及价值。因此，体育传媒产业的广告经营管理是研究体育传媒产业市场化中重要的一环。

一、广告以及体育广告

在研究体育传媒产业的广告经营之前，首先要了解广告及体育广告的定义和内容。

1. 广告的定义

总体来说，广告分为商业广告和非商业广告两大类。商业广告，也称为盈利性广告，通常是指商品经营者或服务提供者（常称作广告商）承担费用，通过一定的媒体向大众传达某种观念、介绍或推销某种商品或服务的社会活动，目的在于使人们通过知晓广告的内容、接受广告的影响，进而促使人们采取相应的行动；非盈利性广告是指广告发布者通过媒体向特定或非特定的广告对象发布非商品信息，包括政府公告，政党、社会团体、宗教团体的启事，以及与人们日常生活密切相关的生活信息等。①

2. 体育广告以及体育广告分类

广告包含多种类别，体育广告是其中一种特殊的行业广告。根据国家体育总局相关资料，体育广告是指体育行业和非体育行业的广告客户以公开付费的方式，通过各种媒体或以体育活动为载体传递体育商品或其他商品劳务信息，从而影响消费者的消费行为，促进销售，使广告客户获得利益的活动。它包括体育行业内通过各种媒体策划的广告以及非体育行业以体育活动

---

① 杨海军. 论广告的起源问题 [J]. 史学月刊, 2000.

为载体策划的广告。①

体育广告有多种形式,但是共同的目的都是挖掘体育迷的热情,具体可分为两大类:运动类和非运动类。运动类广告指广告中宣传的是体育领域的产品、公司或品牌,如体育装备或服装制造商、联盟或团队,或者是与体育相关的视频游戏制造者等。许多家体育品牌公司如 Adidas、ESPN 等都通过体育广告为其产品创造了巨大的品牌价值。非运动类广告指广告中宣传的产品或公司和广告中的体育运动没有明显的关联,但利用这种运动方式来向目标人群传递信息。像可口可乐和奔驰等公司都在与体育相关的节目和赛事上投入了大量的广告费用。

按照不同的广告形式和不同的媒介,也可以将体育广告分为场地广告、路牌广告、冠名广告、印刷品广告、排他性广告、奖券(奖品)广告、实物广告、明星广告、啦啦队广告、背景台活动广告等。

二、体育传媒产业中广告的地位

广告与传媒二者是相辅相成的关系。广告需要传播,传播离不开媒介,因此媒介是广告传播最主要、最有效的载体。没有媒介,广告信息缺少向目标受众传递的渠道,广告主无法将产品信息准确地提供给目标消费者。而广告是大部分传媒收入的主要来源,传媒依靠广告获得经济收益从而维持其正常的公司运作并发展壮大。不仅如此,广告也是传媒信息内容中的一部分,并对传媒的市场拓展和品牌培育起着重要作用。

1. 广告的传媒价值

广告是体育传媒产业的经济支柱。传媒业的生存和发展主要依赖广告的收益,广告额曾是评价传媒市场化程度的一个重要指标。根据"二次销售"理论,体育传媒产业的广告经营是一个双重销售的过程,一个市场是以媒介所包括的体育信息为主的内容销售,其消费者是受众,内容生产以满足受众对体育信息资讯、体育娱乐消遣和精神享受等需求为目标;另一个市场是以媒介广告为主的广告销售,主要将媒体的受众出售给购买了媒介广告产品的广告主。其中内容市场影响着广告市场,优质体育内容产品吸引了更多体育爱好者的注意力,为广告市场打好了存在和发展的基础。《2016 年中国广告

---

① 杨赛男. 体育广告的文化涵义研究 [D]. 湖北:武汉体育学院,2008.

业发展报告》数据显示，2016年我国广告经营收入较2015年增长了8.63%，达到6 489.13亿元，其中广告发布业务的营业额由2015年的3 009.90亿元增加到3 414.09亿元，年增长率为13.43%。也就是说各类媒体的广告经营额呈上升势头，从侧面反映出我国体育传媒产业市场化程度逐渐提升。由此可见体育传媒产业的收入大部分依赖于广告。

广告是体育媒体传播内容的特殊组成部分。作为传媒信息服务的种类之一，广告内容包括体育用品生产消费信息、体育赛事公告和体育活动信息等，媒体所刊登的这些体育广告对受众来说可能也是重要的资讯内容。这些广告信息同样还具有新闻价值，对受众同样具有吸引力，是体育传媒广泛吸引受众的方法之一。

广告是体育传媒扩展受众市场的有力工具。广告在体育传媒的经营中具有联系媒介和市场的中介作用，通过广告可以将体育行业的生产者和消费者紧紧地联系起来。作为一种社会服务形式，广告能够满足媒介受众对于体育信息的需求，并将这些受众聚拢起来，帮助媒体扩大受众市场，从而促进体育传媒产业市场化程度的加深。

广告帮助传媒产业培育和发展自己的品牌。良性的广告运营不仅为体育传媒产业的发展壮大提供了资金支持，通过与大量广告主的长期合作也大大提升了体育传媒产业的品牌价值。广告主要选择品牌信誉好的体育媒体进行广告投放，这实际上是一种长期投资，不仅有利于广告主的产品营销，而且加深了体育传媒产业广告市场的效应，使品牌信誉度高的媒体进一步提升自身的品牌价值。

2. 体育媒体的广告价值

媒体是广告信息传播的中介，广告产品利用媒体传播所获得的满足程度就是传媒所具有的广告价值，可以从以下几个方面考量传媒的广告价值：

（1）受众群体。体育传媒产业作为影响力经济产业，受众是二次销售中的主体，其注意力被传媒企业出售给广告主。一般认为，受众多并且受众成分好的媒体，广告效力才会大。受众多体现在媒体的发行量、收视听率、点击量或者关注度等指标上，这些数据值大则受众群更大，广告影响力更大。受众成分好是指媒体受众与广告主的目标消费者相吻合，且受众收入以及购买力都符合广告主的产品销售要求，比如高尔夫运动用品品牌更倾向于选择针对高端体育消费者运营的体育媒体投放广告。根据受众数量和媒体成分这两个方面明确受众群体对象,是判断其广告价值的重要因素。

(2)传播效果。体育媒体的权威性极大地影响广告效果和渗透力。在受众数量和质量以及其他条件相差无几的时候,权威性高的媒体更容易博得受众的信赖,其传播的内容(包括广告)也更容易赢得受众的接受和认可。例如,中央广播电视总台 CCTV-5 是我国覆盖面最广的体育专业频道,拥有国内外顶级的赛事资源和转播团队,作为我国体育媒体的领航者,其广告流失率非常低。

(3)广告报价。在媒体上发布广告的成本是广告主选择媒体的一个重要因素,即使传播效果、受众特征都符合要求,但如果成本太高以至于超出承受能力,还是会使很多广告主对媒体望而却步,很难形成合作机制。

传媒管理学大师罗伯特·皮卡德说过:"如果传媒企业想要更成功的话,那些工作在传媒企业、管理传媒企业的人都需要了解广告客户的选择和目的,更要懂得媒体与广告客户之间的互动关系。"[1]不论是广告对于媒体还是媒体对于广告,两者都赋予彼此极为重要的意义。所以站在体育传媒产业的角度来说,基于其广告的地位和价值,媒体对于广告的经营就显得尤为重要。

三、体育传媒产业的广告经营

所谓传媒广告经营,是指媒体通过向广告主和广告公司售卖自己开发的各种广告资源来取得经营收入的过程。[2]随着现代广告业的独立发展、广告经营机制的确立,体育传媒产业的广告经营经历了职能与角色的转换过程,而广告经营也成为传媒市场化的重点。

1. 体育传媒广告经营的含义

体育传媒产业的广告经营是指传媒企业运用其拥有的知识、人才和技术优势,对广告主提供体育广告活动的策划创意、设计制作、组织执行以及媒体发布等方面的服务,在帮助广告主增加产品销售和建立品牌形象的过程中,实现自身经济收益的行为。

---

[1] [美]罗伯特·皮卡特.传媒管理学导论[M].韩骏伟,常永新等译.北京:人民邮电出版社,2006.

[2] 谭云明.传媒经营管理新论[M].北京:北京大学出版社,2007.

2. 体育传媒广告经营要素

在体育传媒的广告经营中，包含以下 4 个重要要素：

（1）传媒。媒体是广告资源的出售者，它向广告主和广告公司销售广告资源。如《体坛周报》向运动品牌等广告主以及广告代理公司出售其广告版面。

（2）广告主。广告资源的需求方，购买广告资源的目的主要是为了打广告，促销自己生产的产品和劳务以及树立产品和企业的品牌形象。如英特尔公司赞助的英特尔极限大师杯赛，通过向玩家提供装备和 VR 体验展现其创新能力。

（3）广告公司。媒体和广告主之间的中介，既是媒体的委托代理人，也是广告主的委托代理人，主要职能是双向代理。如中央广播电视总台 4A 级广告代理商北京未来广告有限公司，它通过与 NBA、CBA 等多家赛事组委会建立合作伙伴关系进行潜在赞助商挖掘、赛程优化等精准咨询服务，还通过多年中央广播电视总台体育资源的运营为众多客户策划精准投放目标消费群的广告项目，做成了很多脍炙人口的体育广告营销案例，比如加多宝助力苏迪曼杯赛事联动等。

（4）受众。既是媒体传播内容的对象，也是广告主投放广告的对象。

3. 体育传媒广告的经营原则

由于传媒产业的特殊性质，其广告经营涉及经济效益和社会效益两个方面。所以体育传媒产业的广告经营追求效益性和适应性的统一。①

（1）效益性原则。是指广告活动应该帮助传媒实现一定的经营目标和效益。传媒企业为了自身的生存和发展需要其所进行的体育广告经营要实现一定的效益回报。由于体育受众关注度高，关注面广等特点，体育传媒产业的广告经营更加注重社会效益，尤其表现在发挥体育运动文化的功能、发挥社会道德建设的促进作用等方面。而社会效益的实现有助于提高传媒的品牌知名度和美誉度，有利于吸引广告主进行长期合作，进而反哺经济效益，为传媒产业带来更多的市场运作收益，支持其生存和发展。

（2）适应性原则。是指体育传媒产业在所处的社会经济文化大背景下进行体育广告经营，必须保证参与广告的各方利益，承担相应的社会责任。主

---

① 曹可强，席玉宝. 体育产业经营管理［M］. 北京：高等教育出版社，2017.

要体现在两个方面：一是社会对其广告表现内容和表现形式的认同适应；另一个是广告自身合乎社会规范进而达到传播效果的适应认同。站在传媒产业角度来说，体育传媒产业的广告经营以及其体育广告所传播的信息既要适应社会层面的法律、诚信和道德等方面的要求，也要适应广告主和目标消费者等社会公众的需求。

4. 体育传媒广告的经营目标

目标是体育传媒产业进行广告经营的努力方向，可以保证体育传媒产健康、良性的发展。体育传媒广告经营目标主要体现为以下两个目标：

（1）内部目标。是指在广告经营过程中对广告的信息决策、资源分配、效果达成等一系列战略问题加以规划，并提出相应的战术实施方案，从而实现体育媒体预期的效益目标。

（2）外部目标。是指传媒所进行的广告经营活动必须与政府和社会的利益规范相协调，接受法律的约束和指导，与社会的道德规范和社会习惯相适应，避免恶性价格竞争，追求"黄金价格"与"绿色收入"，自觉营造绿色体育广告发布环境。

5. 体育传媒广告的经营特点

体育传媒产业相对于整个传媒产业来说有其自身的特殊性，大众文化和消费文化的开放性决定了体育媒体文化的易变性和趋时性，在此背景下的体育传媒广告内容更加娱乐化、大众化、品牌化以及英雄化。①因此，体育传媒产业的广告经营也呈现出以下特点：

（1）体育明星是体育广告的亮点。体育广告普遍会选择体育明星作为广告的模特或者代言人。明星经济作为一种社会现象，是体育明星作用的另一种体现和展示。传媒产业通过体育明星代言广告的形式，把广告主想要推销的产品或服务与明星连在一起，吸引目标消费者的眼球和注意力，通过"移情"使受众对广告主的产品产生亲切感、好感和信任，大大提升广告产品在市场中的影响力和销量，也为传媒带来大量的广告收益。②

（2）体育赛事是体育广告的良好平台。在国际以及国内的大型体育赛事中都有着体育广告的身影，只要有体育活动，广告都无处不在。国际上的大

---

① 张德胜. 媒体体育与体育媒体[M]. 武汉：华中科技大学出版社，2015.
② 杨志林. 体育广告的特点及对我国体育广告发展的思考和建议[J]. 吉林化工学院学报，2015.

型赛事如奥运会、世界杯等赛事传播范围广、曝光时间长，吸引了全球范围内体育迷甚至普通大众的目光关注，在观看体育赛事的过程中，对体育广告的接触更多。同时在赛事中穿插的广告对于受众来说没有强制性，不易引起受众们的反感和排斥，对受众起到一种潜移默化地渗透作用，更容易对广告留下深刻印象。对于体育传媒来说，每一项体育赛事都是一个可以挖掘的平台，可以为广告主们提供很多广告资源。

（3）体育广告有更多样的媒介选择。体育传媒可以开发和挖掘一切可以利用的广告媒介进而达到传递和扩展广告信息的目的。体育明星可以作为广告产品的代言人；体育组织或俱乐部可以为产品、活动冠名；体育场地的各种空间可以有效利用使其充满广告；传统媒体和新媒体也为体育公告提供了大量的发布平台。对于体育传媒产业来说，多种多样的媒介为其广告经营提供了大量的资源。

6. 体育传媒广告的经营方式

（1）媒体自营。媒体与广告客户直接交易广告资源的销售方式，也称为零售渠道方式。自营广告的媒体部门直接接受广告客户委托发布广告，办理广告事务，具体分为两种方式：门市销售和业务员推销。

① 门市销售。即媒体广告部门设立门市，由专职业务人员接待上门的广告客户，洽谈交易，完成销售。根据广告主的实际情况或者所提要求，进行广告创意、广告设计、广告编排、广告审查以及广告发布。

② 业务员推销。即媒体广告部门可聘用专职业务员，拜访潜在广告客户，推销媒体的广告资源，争取达成交易协议，实现广告销售。业务员推销是媒体广告销售的重要手段，这种方式更加灵活而且沟通方便，但是比较不易管理。

（2）广告代理制。广告代理制是国际上成熟的广告市场的通行机制，是指广告公司作为中介方，为广告主代理实施广告传播计划，为传媒代理承揽广告业务。在广告主、广告代理商、媒体三者之中广告代理公司起着粘合剂作用，有利于广告活动的开展。其中广告代理公司分为全面服务型和专业服务型两类，全面服务型代理公司负责广告前期市场调研，广告制作与发布，广告效果监测以及非广告服务如公告关系、交易展示组织、销售培训等全面业务；专业服务型公司则专注于负责广告传播计划中的一项或几项优势业务。

广告代理制是在市场经济条件下逐步形成的,是衡量传媒产业广告经营成熟与否的重要标志之一。实行广告代理制对于传媒产业具有以下好处:

① 为传媒产业承揽广告主,增加广告投放量。

② 广告代理公司可为传媒企业向广告主要求费用,使广告费用回收更加方便。

③ 广告代理公司在广告创意和制作方面专业化水平一般高于传媒企业自身水平,可以提高传媒广告内容产品的质量。

④ 通过广告代理公司可以使传媒企业避免一些关系广告和广告主的压力,一定程度上保持传媒自身的公正性。

⑤ 将广告这部分的经营和管理交付于广告代理公司,可以为传媒企业节省时间、精力和一部分交易费用,使其更好的专注于传播主业。

在传媒产业的广告市场经营中,广告代理公司在传媒与广告主之间实行双向代理,收取一定的代理费,有三种基本形式:代理费、服务费以及成果回报制。代理费,即佣金,是传媒将广告主所付的广告费用按一定比例支付给广告公司;服务费,是由广告主支付给广告公司,由直接费用加间接费用再乘以一定的利润系数,目前在欧美地区广泛采用;成果回报制,即广告发布后根据广告成果的销售成绩提成,主要看广告主对广告效果的认同。在实际市场活动中,交易双方会灵活选择不同方式组合支付费用。

虽然广告代理制度的专业化运作会更好地实现传媒的经济效益,但传媒选择广告代理公司时要选择具有与传媒业务相对应的代理能力、具有较好的代理声誉与业绩、充足的垫付资金和良好信誉的公司。在争取广告代理公司的过程中要加强与广告代理公司的联系,将自己的特点、覆盖、内容、优势、价格、受众结构等信息传递给代理公司,尤其在内容有调整变动的情况下要保证让广告代理公司及时知道;并加强与广告代理公司业务执行人员和媒体人员以及广告客户方面的联系,并对广告代理公司采取有效的激励。

(3) 自营和代理"双轨制"。"双轨制"是媒体产业迈向广告代理业的一种过渡形式,指媒体企业在引入代理制的同时,将一部分广告业务留作自营。传媒企业采取这种形式,一个原因是广告代理公司实力不足,只能承担部分广告经营;另一方面是传媒企业认为保留部分自营业务以免除在代理制下要付给代理公司大笔回扣。

这种方式是体育传媒产业积极尝试广告代理制的一种阶段性表现,能够缓解传媒企业的经营压力，激活内部经营动力，增加广告收入，实现传媒自身的可持续发展，但在一定程度上也会造成媒体和广告公司的相对竞争。

7. 体育传媒产业广告经营机构及职能

体育传媒产业的广告经营机构因其广告业务规模不同，有的比较精简，有的则发展得很完善，职能齐全，机构也很复杂。常见的形式有广告部、广告发行部、广告经理部和内部广告公司。在实行完全广告代理制的情况下，体育传媒在广告经营中一般只承担广告发布职能，这是由于传媒的机构设置比较简单，称为广告部或者广告局，下设负责对外业务联络和接洽的营业部门、负责广告发布编排部门、负责财务管理和广告费用回收的行政财务部门等。如果没有实行完全广告代理制的情况下，传媒不仅负责广告的发布，还兼顾承揽与制作之职，机构设置就较为复杂，一般设有调研部、客户部、创意部、媒介部以及行政部等部门。

体育传媒产业下的广告部门的主要职能是负责发布广告、设计制作广告和搜集广告反馈。体育传媒是实施广告的工具和手段，是传播广告信息的载体，其主要任务就是发布广告。体育传媒的广告部门在接受广告任务时，一部分广告已制作成为广告作品，只负责安排广告发布就好，但有的只提供了广告资料和要求，则需要广告部门负责策划、设计和制作。体育传媒在发布广告之后，应定期整理、向广告主反应收到的广告效果反馈，加强与广告主和广告代理公司之间的联系，及时掌握广告反应，稳定广告主的信心。[1]

四、体育传媒产业广告经营策略

阿尔巴朗在《电子媒介管理》一书中提到媒体的"4P 营销策略"分别为产品、价格、渠道和促销 4 个方面。[2]随着我国传媒市场的发展导致传媒之间竞争日益加剧，广告争夺也愈发激烈；加之传媒在广告市场中的地位逐渐弱化，传媒进入"买方市场"。因此体育传媒产业的广告经营也应遵循"4P 策略"，才能在激烈的市场竞争中站稳脚跟。

---

[1] 谭云明. 传媒经营管理新论 [M]. 北京：北京大学出版社，2007.

[2] [美] 艾伦·B. 阿尔巴朗. 电子媒介经营管理 [M]. 2 版. 谢新洲译, 北京：北京大学出版社，2005.

1. 体育传媒广告产品策略

体育传媒广告经营归根到底就是通过向广告主和广告公司售卖自己开发的各种广告资源来取得经营收入，所以广告产品是广告经营中的基础与出发点。

首先，传媒通过广告产品进行品牌塑造。媒介针对广告产品投放的不确定性，以自身品牌价值吸引尚处于犹豫状态的广告主进而选择自身媒体进行投放。在这个层面，传媒主要靠覆盖率和美誉度影响广告客户的判断。覆盖率是衡量一个体育传媒传播的"量"，也是吸引广告的首要因素，如《体育周报》的发行量和阅读率，CCTV-5 的收视率等，一般由第三方科学调查提供，再根据市场细分，将受众和受众忠诚度作为重要参数；美誉度是一个传媒企业获得公众信任和接纳的程度，用于评价传媒的"质"，反映了传媒在受众市场上的品质追求，也是广告主作为选择考虑的重要因素。

其次，传媒通过差异化竞争获取广告主青睐。各传媒企业向广告市场提供独特利益，并取得竞争优势。主要有三种形式，分别为差异化产品竞争、差异化族群竞争以及量身定做。差异化产品竞争指传媒以及产品的与众不同，体现在传媒以及产品的价值上是有别于其他媒体的，一般表现为更低的价格或同样价格下超值的功能。如 CCTV-5 几乎拥有绝大部分的国际和国内的赛事资源。差异化族群竞争指传媒企业以及产品目标指向与众不同的族群特质，如《高尔夫大师杂志》就是专门为热衷于高尔夫运动的消费者量身定做的。量身定做是指传媒企业愿意根据自身的媒体定位和受众质量，与广告主协商为其制作出独有的广告产品，使其享受到独一无二的广告服务，以争取与其保持长期的合作关系并增加广告投放收入。

2. 体育传媒广告价格策略

体育传媒广告价格策略就是指制定合适的广告价格。价格是广告市场中最敏感的因子，广告价格将直接关系传媒广告营业额的高低。

不同的媒介影响广告定价的因素也不相同。报纸广告一般根据千人成本作为定价依据，广播电视广告则根据有效千人成本和收视点成本调整自身广告价格，网络广告则根据千人印象成本、点击成本或行动成本来规定广告价格。

各媒体企业也会采取不同的广告定价方式，主要有四种形式：一是依据受众数据定价，一般来说，广告总是投放在覆盖面广、影响力大的媒体，广告价格与受众数据呈正相关关系；二是依据市场行情定价，在市场经济条件下，广告价格同样遵循价格规律变化，受到供求关系影响，比如奥运会的广告需求大于城市级联赛的广告需求，价格自然也高；三是以招标的形式定价，招标活动本身就是一种协商，是以市场需求来决定价格的方法。招标可以带来广告价格的公开化，不仅给广告主带来凭借实力宣传自身的机会，也给传媒企业本身带来了丰厚的广告收入；四是针对特殊客户的议价定价；主要通过研究广告主的购买行为和特殊需要，把握广告客户的出价边缘来确定广告价格，将以价格为中心的策略延伸到以客户为中心，满足客户的个性化需求，更好地为客户服务以保留合作关系。

3. 体育传媒广告渠道策略

体育传媒广告渠道策略主要讨论的是分销渠道，保证适时适地向广告主提供媒体广告资源。在销售渠道中的主要力量应该是广告代理公司，但在我国建立完整的广告代理制还有一段距离，大多数媒体采取"双轨制"的途径来发展广告销售网。

站在体育传媒的角度来看，渠道策略所要解决的问题首先是媒体如何完善广告代理公司这一条销售渠道。一方面媒体可以对广告代理公司实行折扣、特殊投放奖励、及时交款等奖励策略激励广告公司在售卖广告资源中的积极性和主动性；另一方面媒体也必须通过建立广告代理公司资格认定机制、要求广告代理公司提前付款或支付信用保证金、建立直接服务广告主的信息沟通机制等方法对广告代理公司进行适当的约束，以防止出现机会主义和道德败坏的现象。

其次，体育传媒应完善自身构建的广告资源销售渠道。第一，媒体要在保住现有主要广告客户的同时挖掘新的广告客户，在自身覆盖区域内不断完善和更新分销渠道，并且主动寻找边缘客户将其发展成为核心客户；第二，传媒企业应保证渠道结构的简单化，可以更直接、更便捷地和广告主进行沟通，提高传媒对于分销渠道的辐射力和控制力；第三，传媒应该采取"一对一销售""VIP销售"等模式来满足客户的个性化需求，以保证渠道形式个性化；第四，媒体应在客户集中地区或极具市场潜力的地区建立办事机构，对于客户的需求迅速做出反应，实现渠道关系互动化。

4. 体育传媒广告促销策略

促销的作用是通过告知、教育、劝说以及提醒等方式让目标受众了解产品或企业的益处,实现与目标市场进行双方均满意的交换活动。①体育传媒的广告促销则是通过各种营销方法向广告主们推销媒体的广告资源以促成广告投放。体育传媒广告经营的促销策略主要有以下几种:

(1) 与广告客户建立和谐关系,拓展广告资源。媒体可以通过客户走访的方式与广告客户进行深度交流,了解广告主所思所想,及时提供个性化服务,有利于建立和谐的朋友关系方便以后合作。另外媒体还可以通过座谈会、推广会的方式为客户提供及时全面的媒体广告资源信息、设计特殊广告形式和个性化投放方案、进行合理购后评价以及提供市场动态信息等专业化服务,以提升媒体形象,同时吸引广大广告主关注,将潜在客户转化为现实客户。

(2) 不同市场区别对待。根据不同区域的广告市场发育程度可以分为开发型市场、成长型市场和成熟型市场。对于不同的市场,传媒的促销策略应有所区别。对于开发型市场,媒体可以考虑适度推出特殊性政策,通过进行推广和走访来与富有潜力的广告代理公司和广告客户进行沟通和交流,充分挖掘客户资源;对于成长型市场,媒体应着重引导企业科学合理使用自身媒体广告,以稳住现有广告客户资源,引导更多客户投放自家媒体广告;对于成熟型市场,媒体可考虑采用小型座谈会的方式与广告主、广告公司、专家等进行深度交流,听取意见并改进自身工作,增强广告主投放自家媒体广告的信息和力度,稳定现有客户资源。

(3) 制定优惠政策,刺激广告消费。合理的优惠政策对于刺激广告客户的积极性、加强广告量的投放、开拓媒体广告市场具有重要的意义。

5. 体育传媒产业广告分类经营

由于现代社会媒体众多,不同的产品有不同的消费对象,不同的体育媒体有不同的传播效果,所以各体育媒体应根据自身的优缺点调整广告经营策略。

(1) 体育报纸广告经营。在平面广告中,报纸广告是最重要也是最常用的。体育报纸的数据专业性多体现为专业项目报纸或者日报和周报的形式。体育报纸的广告营销优势在于传播范围稳定、传播信息准确、标准化程度高、方便阅读和存储以及印刷成本低。劣势在于内容繁多易分散注意力、平

---

① 刘天际. 电子信息时代广告经营策略研究 [J]. 神州, 2011.

面广告形象感较差、广告目标受众不明确和利用率低。

随着近年来网络新媒体的冲击，报纸广告收入连续下降。体育报纸需要以创新思维来对待当前激烈竞争的市场，通过创新广告经营机制、加强广告经营策划、拓宽广告经营思路、调整广告分销策略以及扩大报纸有效发行的方式来振兴颓靡的体育报纸广告业务。

（2）体育杂志广告经营。杂志在锁定广告对象的接触性和说服广告目标对象的解释性能方面明显高于其他媒体，是对个人影响力很强的传媒，多数杂志都是为某个特殊兴趣群体印刷的，体育杂志更是针对体育迷们的兴趣而推出的媒体形式。体育杂志的广告营销优势在于印刷质量好、创作灵活、保存率和传阅率高、信息渗透性强、杂志声誉好。劣势在于印刷成本高、发行范围和接触频率有限、出版周期长时效性差以及内容和广告之间的干扰性大。

体育杂志作为纸媒的一种，以发布平面广告为主。虽然没有体育报纸广告收入下降惨淡，但是在网络新媒体来势汹汹的今天，它的广告收入也在大大缩水。因此，体育杂志首先应通过细分市场定位以增强在体育迷、体育媒体以及体育广告主三个目标市场中的影响力；其次通过自身标识、内在品质、整体形象和自身文化等方面提高自身品牌社会影响力，确立自身的体育项目热点、卖点和自身的风格来塑造独特的杂志风格；最后可以有意识地开发与主要的体育主体相关的广告资源，借助自身擅长的体育项目或者杂志主体增强广告效果。

（3）体育广播广告经营。广播作为一种声音媒介，通过语言和音响效果充分发挥声音的传播效果。由于体育对于赛事画面感的高要求，体育广播本就承受着巨大的竞争压力，随着科技的不断创新和新媒体的不断出现，体育广播经历着更加严峻的市场考验。但是体育广播也具有其不可替代的优势所在，主要表现为传播方式的即时性、传播范围的广泛性、收听方式的随意性、受众群体的明确性、制作和广告投放成本低廉和播出的灵活性；其劣势在于创意的局限性、时间短暂广告印象不深、只有声音没有图画的形象性较差、收听率越发难以把握等。

近年来，传统媒体的广告收入被新媒体抢占了很大一部分，然而广播是唯一一类不降反增的媒体，可谓是受新媒体冲击最小的传统媒体之一。而且体育广播的听众群明确，可以通过建立多元化视听渠道、融合线上线下、创新内容、精准传播等方式走创新之路。比如北京体育广播新推出的《超级体验团》节目，以公众体验为立足点，通过记录和访谈的形式丰富节目类型，并树立特别的主持风格打造"意见领袖"，还结合了微信、微博、手机移动端、直播平台等新媒体打造了一档全新的体育广播节目，也为体育广播的广告经营打开了新世界的大门。

（4）体育电视广告经营。电视广告是通过电视媒介播出，运用声画结合的表达方式来传播特定广告内容的广告形式。尤其对于体育迷们来说，电视目前依然是获取体育信息的最广泛使用媒体。体育赛事对于现场画面感的高要求和大型赛事在全球范围内的传播都使体育电视的广告经营带有与生俱来的优势，主要表现在直观性强、冲击力和感染力强、易于激发情绪增加购买欲望、有较高的注意率，通过反复播出不断加深印象；劣势在于受众被动接受广告、广告制作和播出费用昂贵、短时间播放不利于理解广告信息、广告的干扰使受众容易产生抗拒情绪等。

受网络视频业务快速增长、新兴媒体广告业务分流等因素，体育电视广告收入增幅不定，2014年已经出现负增长。而且由于制作成本昂贵且购买收费内容的用户并不多，体育电视媒体更加依赖于广告收入。因此，体育电视广告可以采取以下广告经营策略：①设立受众清晰、定位准确、内容专业的体育频道，做好频道定位，培育品牌栏目，增强频道风格；②根据时间、数量、品类、季节等因素实时调整价格，综合运动价格策略，追求效益最大化；③通过自身优势提供与众不同的产品或服务，以独特的内容作为核心竞争力吸引广告客户，比如重大赛事的独家直播权，创造原创优质体育IP，受欢迎的主持解说等多层次品牌；④紧跟新媒体时代，跨屏整合，实现全媒体整合营销。

（5）体育网络广告经营。随着互联网技术的不断发展和网络设备的大规模普及，网络逐渐成为越来越多人选择的传播媒体。尤其对于体育迷来说，世界各地的赛事都能在网络上实现实时观看，且网络也给各类体育迷们提供了更便利的交流平台。《2016年中国广告业发展报告》指出：2016年我国互联网广告经营额达到了2 305.21亿元，同比增长29.87%，一举超越了四大传统媒体广告经营额的总和。网络广告如此大放异彩，优势在于其受众覆盖范围广、广告制作和发布费用低廉、成交概率高、多媒体广告形式丰富、广告信息传播迅捷、广告信息发布反馈快速、双向交流互动性强、广告信息承载量大、受众群体明确且消费能力强、大数据有利于广告精准投放；而劣势在于数据准确性和公正性差、广告权威性和可信性低。

随着新的网络技术和广告技术的发展，体育网络广告将保持高速增长的态势，广告主预算将进一步向网络媒体倾斜。尤其电竞体育业的崭露头角，体育网络广告经营应加强规划以达到新的规模。例如，应加强网络大数据的挖掘与利用，建立精准的目标消费者用户画像，有利于广告产品的精准投放，提高购买行为；还应运用技术领先优势完善广告表现形式，实现广告定向投放，优化效果反馈机制等。

（6）体育移动智能终端广告经营。手机、平板电脑等移动智能终端是媒体形式中普及性与方便性较高的广告媒体平台。随着网络带宽技术的不断升级和个人智能终端的普及，移动媒体成为广告主发布信息的重要手段，其优势在于设备普及率高、广告信息传播及时、互动性强、广告形式多媒体性、广告定位投放准确分众性强、广告传播成本低廉；而劣势在于屏幕小不利于高清赛事传播、篇幅限制导致内容不详尽广告冲击力弱、无法到达部分潜在群体、用户自主性强可过滤掉广告新消息、内容繁杂容易引起反感等。

作为体育传媒产业的广告"黑马"，移动智能终端广告正处于高速发展时期。为了其中长期发展，应从以下几个方面加强广告经营：① 基于地理位置的本土化营销模式，为部分广告主探索本土体育活动和体育群体以提供本地化营销服务；② 基于数据管理平台实现广告精准投放，提高移动广告传播效果；③完善广告交易平台，加强广告主对移动营销价值认同，进一步激活移动广告的发展潜力。

6. 体育传媒产业广告经营问题及对策

随着体育传媒产业市场化程度的加深，广告经营也显现出一些问题，主要表现在：

（1）体育传媒组织体系组织不配套，广告部孤掌难鸣。传媒的组织结构一般采取"三权分立"模式，内容制作、内容发布和广告业务三个部门立足点不同，部门之间协调程度不高，在深度、宽度和灵活性上都难以满足广告主对深层次、全方位的要求。

（2）体育传媒广告价格混乱。我国传媒市场一直缺乏的是市场标准，导致传媒广告价格不规范。同时传媒企业提价放折、暗箱操作、支付回扣的不当行为屡次出现，加剧了传媒产业之间的价格竞争，导致传媒广告价格混乱。

（3）监测数据不可信。一些传媒企业为了争取广告主，其背景数据如发行量、收视率、覆盖率等关键数据监测不可信，不仅影响广告效果还制约广告市场的发展，同时导致恶性竞争。

（4）传媒的服务理念和服务举措停于表面，服务不够灵活。当前传媒服务多以"自我"为中心，更看重与推销自家广告资源，并不是以广告客户为中心进行开发和创新，数据资料提供、服务态度、付费方式以及广告制作质量等多方面都存在许多问题。

面对新形势下体育传媒广告市场的特点，针对目前体育传媒产业存在的广告经营问题，我国传媒企业应该采取以下对策：

（1）树立整合营销理念，充分挖掘传媒潜力。将自家媒体的广告资源和其他广告经营形式结合起来，既注重硬广告开发以保证主体广告经营，吸引有实力的大中型广告客户，同时也要兼顾软广告和短小广告的经营，吸引和抓住小型广告客户。同时要充实自身体育内容生产能力，以优质内容和独特的资源提高广告经营竞争力，使内容生产和广告经营之间形成良好互动。

（2）整合再造内部广告组织，提高自身广告经营竞争力。对于体育传媒产业内部的广告组织可以通过深化内部机制改革的方式，建立有利于广告人才脱颖而出的竞争机制，并通过招聘录用优质广告人才，实行市场化管理等手段，提高传媒内部广告组织的专业化程度；还可以通过建立广告中心，集中管理传媒广告经营权，加快广告经营的整合；另外还应创新制度，建立现代化广告管理制度。

（3）建立和完善科学的广告经营体系和营销模式。体育传媒产业首先要通过市场细分来确定传媒定位，包括受众定位和竞争定位，以实行差别化经营，强化自身优势；其次应该加强自身品牌建设，构建具有明显特色的品牌个性，打造强势品牌效应的体育传媒产业以提高广告效益；再次通过从单一的广告资源推销到一对一广告客户服务以及传媒之间的战略联盟进行从内而外的广告资源整合开发利用，以提升自身竞争能力；此外，传媒企业还应确定合理的广告价位，通过明确的广告资源细分，提出实事求是的收费标准，并对优质广告资源进行组合，以便灵活定价；与此同时，传媒企业应加大自我推广力度，强调自身的优势和特色，扩大自身的知名度和美誉度，加强与受众之间的沟通，通过促销、公关等活动进行自我宣传；最后传媒企业还应增强客户服务意识，建立相对完善的客户服务体系，为客户提供更大的传媒传播平台和多元化的广告产品，并通过内容配合和优惠政策提高客户服务水平。

（4）建立科学的调查程序和第三方检测机构。传媒的背景资料数据对于广告主选择广告投放平台具有重要意义。只有进行精准地数据调查，才能使传媒的内容设置更加科学，广告投放能加精准。企业应成立第三方检测机构，提高数据可信度，以满足广告主和广告公司以及受众的各方要求，优化传媒广告资源配置，促进体育传媒广告经营水平。

第二节 体育传媒赛事的市场运营

体育传媒产业区别于其他传媒产业的最主要因素是体育运动，是体育传媒产业重要的内容来源和支撑。对于体育传媒产业这种建立在注意力基础之上的影响力经济来说，聚敛人气和黏合受众是首要任务。根据传媒产业"二次销售"以及"N次销售"理论，内容产品对广告收入有重要影响，所以对于体育传媒产业来说，想要获取维持生存和发展的广告收入必须先提升体育内容产品的质量。而体育赛事作为体育行业区别于其他行业的重要特征，是体育传媒产业必须重视的经营领域，因为它不仅能为体育传媒吸引受众、带来广告，同时其本身也能创造巨大的市场价值。体育赛事是围绕体育赛事表演展开，发展其外延具有管理特性以及充分吸引并且满足不同的参与个体的需求，并带动经济、社会以及文化发展等多方面增长的特殊事件。①

一、体育传媒赛事运营

随着全民健身、健康中国等战略的实施，体育赛事运营在体育传媒产业的市场化运营中的地位来越高。体育传媒产业在赛事运营中追求盈利最大化是首要目的，为了更好地推动体育传媒产业的市场化并形成体育赛事的产业链，可从以下几方面着手优化：

---

① 付清亮.体育赛事营销研究——以商业性赛事为例［D］.天津：天津科技大学，2016.

1. 体育赛事转播

体育赛事转播是指在赛事现场以完全纪实的手法把比赛现场的情景同步拍摄、报道、播出的体育栏目形态。①

随着经济社会发展水平的不断提高，人们的消费观念和消费水平也得到相应提高，对体育的关注度逐渐增加，对体育赛事的观看需求也随之增长。2014 年，国务院下发《关于加快发展体育产业促进体育消费的若干意见》后放宽了我国赛事转播权限制，中央广播电视总台垄断各大优质赛事资源转播权的局面被打破，体育赛事转播权更加成为体育传媒产业市场布局的基础。

赛事转播权对于体育传媒产业的重要性体现在以下几方面：（1）体育赛事是一种有组织、有计划、有目的的集群性活动，具有聚集性的特征，而且由于其表演的精彩性、参与的娱乐性和竞争的刺激性，吸引着众多观众去欣赏、观看乃至享受。不仅如此，很大一部分体育爱好者还会因为某个项目或者某支队伍甚至某位体育明星成为其粉丝，随之产生强大的忠诚度。由于体育传媒产业作为注意力经济的产物是一种依靠出售受众注意力而谋生的行业，所以体育传媒获得了赛事转播权就等于拥有了庞大规模的受众群体。（2）体育赛事是体育传媒独特的转播资源，不同于文艺演出，其受众的高参与度和全程关注持续度为广告投入提供了巨大的机会，而且在体育赛事间隙中插入广告不但不会引起观众的反感，反而会因为氛围让其留下极为深刻的印象。因此大型体育赛事是支撑体育传媒的核心内容，拥有了热门赛事的独家转播权，就意味着会获得高知名度和巨大的广告利润回报，同时它也成为各大体育传媒产业重塑自我、脱颖而出的独特资源。（3）拥有赛事转播权有利于体育传媒产业获取更多的话语权，是一种信息传播现实影响力的表现。体育传媒高知名度、高关注度和高广告收入回报的基础就是拥有权威的话语权。体育传媒借助体育赛事转播不但可以提升其关注度，而且传播的话语空间还可以得到拓展，赛事转播权将成为体育传媒争夺国际传播话语权的重要契机和有效工具。②

作为体育传媒产业盈利点的赛事转播权是由赛事权益版权方出售的，体

---

① 李晓岩. 90 年代以来中央电视台体育栏目演进研究 [D]. 北京：北京体育大学，2012.

② 孔庆波. 国内体育赛事转播权消费现状与赛事运营开发 [J]. 南京体育学院学报（社会科学版），2014：56-61.

育传媒可以作为中介机构将其出售给电视或者网络媒体,也可以直接通过自己旗下的媒体播出。目前赛事转播主要有电视转播以及网络转播两种方式。电视转播是由赛事的主办方进行电视转播许可,主要形式有赛事新闻、赛事集锦以及赛事直播(录播)。对于赛事主办方来说,体育赛事转播权的出售将是赛事生存的重要经济支柱,而对体育传媒来说,购买转播权的费用是一笔不小的数目。比如2014年NBA和ESPN、TNT两大转播商签署的新转播合同,合同期为9年,金额高达240亿美元。网络转播是指由赛事主办方进行网络转播,由于互联网用户的不断增加,体育赛事的网络直播市场潜力巨大。NBA的中国转播权先是在2010年与新浪签约了3年,每年700万美元的价格,并且限定每天只能播放一场比赛,之后新浪又以每年2 000万美元的价格再次续约拿到"2+1"转播权,随后腾讯以每年5亿美元的价格拿下周播2场比赛的转播权。由此可见随着体育传媒行业的激烈竞争,优质赛事作为稀缺资源,其转播权价格被炒得越来越高,也使体育传媒更加注意其重要性,纷纷拿出看家本领购买优质赛事转播权。

随着政策的逐步放开,互联网新媒体逐渐演变成赛事转播的另一条重要渠道,以腾讯体育、新浪体育为代表的平台发展迅速,抢占了原来以中央广播电视总台为主的电视转播的大部分市场,电视与新媒体之间对于体育赛事转播的竞争逐步白热化。但是目前来说电视转播仍然占据主导地位,因为电视在直播体验和用户覆盖度方面是与体育融合的天然媒介,并且借助三网融合和硬件设施的更新换代以及用户追求高品质体验转向付费内容的模式,电视转播还有很大的价值挖掘空间。尤其2008年我国推出了CSPN,即由众多省级体育频道同步播出、跨省区域的电视体育联播平台,实现"中央厨房"理念,并集传输、播控和制作于一体,拥有高清技术系统,汇聚千人的专业制作团队,由神创天地广告有限公司统一代理广告经营,成为体育电视转播形式的创新。而新媒体凭借较强的互动性、时效性,尤其在移动端的便携性也随着网络技术的升级和智能终端的进一步普及大幅度吸引用户,在赛事转播权的竞争中抢占更大的席位。

2. 体育赛事原创内容制作

由于具有广泛影响力的体育赛事属于优质稀缺资源,所以对于赛事转播权的竞争越发激烈,转播价格越来越高。与此同时,大量体育传媒纷纷在内容制作上下功夫,创作更多与赛事相关的自制节目,不仅让观众方便地看到赛事集锦、经典片段、专业分析，并且结合娱乐元素，以"体育+娱乐"的方式进入泛娱乐范畴。

体育传媒企业看重赛事自制节目，是希望往赛事运营产业链的上下游进一步整合资源。自制节目不仅可以使体育传媒企业朝内容上游靠拢，而且体现出了差异化的竞争力，并且提升了品牌形象，扩充了广告市场。

体育赛事的自制节目基于赛事版权内容，主要从赛事直播+点播、直播互动、专题集锦、赛事资讯、明星访谈、个性解说、娱乐综艺、社群参与、衍生周边等方式入手，为受众提供更丰富全面的沉浸式服务。比如，2017年PP体育依据中超联赛，自制了7档视频节目，其中有人物访谈类的《周星星》和《中超吐口秀》，分别从大牌明星深度访谈和轻松聊天的两种角度利用赛事明星打造特色节目；围绕联赛焦点话题展开的《星耀中超》，邀请大咖级人物对赛事发表独特评论并引发观众热议，打造了一款强互动的体育赛事原创节目。

由于购买赛事版权的成本巨大，专注于版权竞争会造成对体育传媒的资本消耗过度。开发体育赛事自制节目除了可以缓解体育传媒缺乏版权的劣势，还可以助长拥有赛事版权的传媒企业依据版权内容开发形式多样、专业性更强的自制节目，以发挥自己的优势，抢占受众和广告市场。

3. 体育赛事运营权

随着网络经济时代的到来，体育经济也受到"长尾效应"的影响。除了一些有着大量粉丝受众的主要项目，如篮球、足球等，一些小众或新兴的体育赛事项目也有着被挖掘的潜力，一部分体育传媒产业纷纷购买一些在国外享有较高知名度但在国内尚未被充分开发的体育赛事项目在中国区的运营权，旨在希望控制产业链源头，参与赛事运营决策，得到赛事转播权以及其他权益。如2014年乐视体育获得了国际汽联电动方程式锦标赛大中华区长期的赛事运营权，其中包括赛事版权运营，仅赛事赞助招商就可以为乐视体育带来收益。[①]

除了引进国外高端赛事，体育传媒产业还通过与俱乐部等赛事联盟组织合作的方式布局自己的赛事运营板块。通过自主开发具备独立知识产权的赛事，打开群众性体育赛事领域。如2015年智美集团与沈阳市体育局成立合

---

① 刘晓晗. SWOT法分析乐视体育赛事直播策略［J］. 新闻研究导刊，2016.

资公司，合作举办 2015 年首届沈阳马拉松赛事，还将在青少年足球训练基地建设、赛事组织、人才培养、大型体育场馆运营管理以及群众性全民健身项目、服务性培训项目等方面进行密切合作。国际体育集团 WSG 公司也是亚洲足球联盟、东盟足球联盟的独家合作伙伴，因此拥有亚洲足球 90% 的项目和全亚洲的高尔夫资源。

4. 打造体育赛事 IP

体育赛事作为体育传媒产业赖以生存的盈利点之一，具有稀缺性强、爆发力强、培育周期长、生命周期长、收入稳定性强的特点，各大体育传媒产业不惜重金买入国内外知名赛事 IP。但由于资源过于匮乏导致价格过高，很多体育传媒公司不满于被动牵制，纷纷借助资本的力量打造本土赛事 IP。如何打造知名赛事，可以从以下 5 个方面入手：(1) 较高的参与频次。较高的用户参与频次是打造赛事 IP 的先决条件。赛事作为内容本身要有高频次的曝光度，才能产生持续的传播力，进而获取受众的关注度。增加赛事举办的场次，增加训练营并为主赛事配以门槛较低的、规模较小的相关赛事活动，是有力增加参与频次的常用方法。(2) 优质的内容。优质的内容是赛事 IP 的核心竞争力。赛事内容涉及的层面非常多，包括赛事硬件设备、赛事周边产品以及赛事品牌传播等，所以运用成熟的赛事运营团队整合各方面资源来打造高体验性的赛事内容是大势所趋。①尤其可以利用粉丝效应打造体育明星创造更高的商业价值。(3) 专业性与娱乐性的平衡。由于网络带来的社交便利使体育赛事也更加社交化、娱乐化。当然专业性作为体育赛事的本质必须强调，要在保证赛事专业性的前提下补充赛事的娱乐性，因为娱乐性是赛事运营成熟度的表现，也是目前赛事发展的另一大趋势。(4) 注重传播属性。赛事 IP 具有巨大的品牌价值，要格外重视赛事的传播属性，让受众对赛事感兴趣并分享传播赛事内容。体育传媒要发挥自身强大的宣传功能，加强赛事的影响力，因为传播效果的好坏往往决定赛事的成败，对体育传媒的运营有重要影响。(5) 商业化能力。成功的赛事 IP 具有强大的商业化变现能力。体育传媒应多方考虑赛事的票务收入、赞助收入、转播收入等，实现赛事的商业化才能为自身带来收益。

---

① 刘旷. 体育赛事 IP 越来越抢手，如何打造自身 IP 才是关键 [EB/OL]. http://www.techweb.cn.

比如 2015 年新浪体育开始自有赛事的建设，从第一届篮球 3V3 黄金联赛、第一届足球五人制足球联赛、第一节亚洲青少年冰球联赛和规模很大的高山滑雪比赛。新浪从以前依靠版权流量变现变为依靠流量打造体育赛事 IP，且基于自身的媒体平台也做了很好的媒体推广，利用自有赛事 IP 从媒体业务转向体育传媒产业业务。

5. 体育赛事赞助

体育赛事赞助是指以体育赛事为对象提供现金或者实物支持，从而实现个人或企业赞助商与体育赛事的有机联姻。赞助商向被赞助者提供金钱、实物（场地、服装、器材等）或劳务等支持，体育赛事权益版权方则根据自身的便利条件与优势以广告、冠名、专利等无形资产作为回报，实现两者平等互利、获益多赢的商业活动。①

体育赛事赞助至少要具备三个因素：作为赞助方的企业或者个人，被赞助方的体育赛事以及作为中介和最终发布渠道的体育传媒产业。

在实际操作中，国际知名企业往往选择高级别的国际赛事，如奥运会、世界杯或一线体育明星如乔丹、费德勒作为长期赞助对象以体现其国际品牌的特定意义。当企业需要拓展区域市场时，可能会选择单项赛事，如 NBA 中国赛或某支具体球队如广州恒大；有时也会考虑国家以及地区的赛事，如全运会等作为赞助对象。体育赞助有着广告营销的属性，是一种体育场景下的价值营销行为，因此它具有周密性、长期性、大型性、排他性、全球性以及关联性的特点。

对于体育传媒产业来说，全球化高水平的体育赛事资源是获取受众关注的强有力保障，精彩的赛事与丰富的活动给了体育明星展示的舞台，同时也是赞助商以及自身与明星或赛事联盟互动的最好机会，加之媒体宣传的作用，会烘托出难以想象的赞助效果。体育传媒会依据自己购买的版权进行赞助招商，为赞助商提供咨询服务，赞助商为其提供资金、实物或者劳务赞助。之后体育传媒公司可以出售制作好的赛事节目和赛事转播给其他媒体并获得收益，也可以直接在所属公司旗下的媒体发行，以满足赞助商的广告宣传需求，体现体育传媒对体育赛事赞助商商业价值的开发。

---

① 曾静平. 商业体育活动论 [M]. 西安：陕西师范大学出版社，2016.

6. 体育赛事衍生收入

体育传媒通过向赛事权益版权方购买版权或者自主打造赛事 IP 等方式可以参与赛事运营并获得赛事衍生收入，包括周边产品、运动培训、票务、彩票、健身等方面。尤其当今"粉丝经济"盛行，通过对赛事宣传和体育明星的打造，可以极大地带动赛事衍生收入，将其打造成为体育传媒赛事运营的一部分。

二、体育传媒赛事运营重点

通过对体育传媒赛事资源、赛事渠道、赛事参与以及赛事衍生等方面进行运营分析，体育传媒产业在赛事运营方面的重点在于：

（1）相对开放、市场化的体育产业环境是重要前提。欧美国家的体育产业市场化起步比较早，先进的运营理念和经验有助于体育传媒企业的全球扩张以及战略合作。随着我国的体育产业环境不断改观，体育政策的放宽和体育消费的升级为体育传媒产业的赛事运营提供了良好的外部环境，成长潜力无限。

（2）掌控核心体育赛事资源和战略合作伙伴。尤其是在赛事资源和体育传媒行业竞争都十分激烈的当下，在特定的体育赛事或区域市场形成核心竞争力，提高自身赛事权益运营能力，才能确保在竞争中取得胜利。

（3）提高赛事节目制作的专业化程度，建立广泛的媒体发行输出网络，确保赛事的专业性、高曝光率和影响力。

（4）通过并购、上市等融资方式获取强大的资本支持，结合收购兼并，逐步打造完善的赛事运营产业链条。

（5）不断学习国外先进的运营模式，加速渗透和培育新兴赛事市场，以便拥有差异化的核心竞争力和媒体话语权。

第三节 体育传媒品牌的市场运营

品牌能对消费者形成视觉冲击效果，使消费者印象深刻，从而帮助企业有重点地进行宣传，是企业进行市场定位以及提高竞争优势的工具和手段。另外品牌可以树立消费者个性化的消费形象，并成为消费者内心的消费习

第三节 体育传媒品牌的市场运营

惯,因此品牌也是赢得顾客忠诚的手段。美国学者凯文·曼尼在其《大媒体潮》中曾经预测,21 世纪的传媒之争将是品牌之争,无论是同类传媒品牌之间的市场争夺,还是新兴传媒品牌对传统品牌的资源侵占,都会使媒体市场的竞争愈加激烈。①严三九曾在其文章《传媒竞争进入品牌经营时代》中提到,在同质化竞争越来越普遍的今天,传媒业的竞争已经进入品牌经营时代。传媒品牌就如同传媒的形象,它标志着一种品味和文化,对于塑造企业良好的美誉度和公信力起着举足轻重的作用。②随着体育产业成为新一轮资本争夺的热门领域,体育传媒产业的竞争也日趋激烈。尤其现如今体育项目种类增多,但是篮球、足球等大众项目依然拥有大部分消费者,众多体育传媒品牌想要在其中脱颖而出或者针对小众项目打响品牌就会面临强大的压力,体育传媒产业应通过品牌营销提高自身的知名度和公信力,加深市场化进程,在竞争中求发展。

一、品牌以及体育传媒品牌

1. 品牌

品牌作为具有经济价值的无形资产,是一种产品或者服务的名称、符号、设计或这几个元素的组合。品牌传达企业产品和服务的属性、意义以及企业文化,从而帮助消费者从竞争对手中识别和区分这种产品或服务,还帮助企业开拓市场,扩张其形象及影响力。

2. 体育传媒品牌

体育传媒品牌是指传媒所提供的精神产品在受众中形成的特殊品质形象及其所具有的潜在商业价值。体育传媒品牌包含了体育传媒名称、体育传媒品牌形象标识、独一无二的体育节目风格和特色、受众认同等有形资产和无形资产的综合。体育传媒品牌需要通过传媒产品如体育报纸的专栏、体育频道的栏目、体育网站的视频节目等形式来体现,其主体还包括体育传媒产业本身。体育传媒品牌面对的消费者主要分为两部分:一是想通过传媒了解体育相关信息的受众,二是与体育相关产业或者将体育受众定为潜在消费者的广告客户。

---

① 张以民,孙鲁娟. 科技期刊国际化有关问题的再思考 [J]. 农业图书情报学刊,2010(12).

② 韩晓梅. 传媒的品牌经营 [J]. 新闻前哨,2012(4).

3. 体育传媒品牌的价值

体育传媒品牌属于传媒的无形资产，它不仅是有价值的，而且应该是可以衡量的。影响体育传媒价值高低的因素有：消费者对品牌的忠诚度、品牌的知名度、品牌所代表的质量、品牌的辐射力的强弱以及专利、商标、商业渠道等其他资产。

通过体育传媒内容产品所获得的受众关注指数、好评指数、受众精英指数、传媒本身及其从业者的社会认可指数等指标评估体育传媒品牌价值，可以使体育传媒的品牌经营与传播更理性地进行，让品牌不断得到增值。

4. 体育传媒品牌的特点

体育传媒品牌是一种无形资产。品牌是有价值的，但品牌的价值是无形的，它不像传媒的其他有形资产那样能直接以数值的形式在资产负债表上体现，需要体育传媒企业通过自身的内容产品和服务来表现，当传媒的影响力巨大，品牌价值甚至会超过传媒有形资产的价值。品牌价值作为无形资产，其收益也具有不确定性，但是总体上为体育传媒开展品牌经营奠定了良好的基础。

体育传媒品牌具有知识产权属性。体育传媒的魅力在于其生产的体育内容产品，这也是体育传媒产业最重要的资本。内容作为一种精神信息产品，是整个体育传媒人力资源劳动的结晶，也是体育传媒品牌必不可少的核心因素。而传媒产品自身所具有的强有力的知识产权属性，使每个品牌之间的同类产品不是无差异的简单复制，因为差异化也是构筑传媒品牌的重要特征。由于体育传媒针对体育内容进行传播，相对于其他文化传媒产业来说内容范围更小，近年来随着体育传媒产业的数量迅速增长，激烈的竞争使体育内容产品的同质化日益严重，面对这种现象必须树立长远的品牌意识，从保护知识产权的角度出发，建构自身与其他传媒品牌之间的差异化。

体育传媒品牌具有个性和专有性。品牌是独一无二的，尤其对于体育传媒来说，特有的赛事版权、体育专题节目或者原创赛事等内容产品都是和其传媒品牌不同的。体育传媒品牌还具有排他性，对一种品牌的认同一般意味着对其他品牌的不认同，尤其体现在赛事独播权、特定项目传播、体育品牌营销等方面。但是在当今的网络经济时代，各体育传媒企业都尽可能彰显自身的差异化竞争力，品牌的排他性作用相对减弱。

在培育品牌的过程中，体育传媒企业应注意品牌个性的塑造，使自身与其他传媒竞争者有效区分，通常分为有形和无形两种方式。首先，有形差异是指体育传媒品牌最基本的形象特征(logo)、标识等外在符号设计，这些形象的符号特征能够使受众快速地将其传媒形象和品牌形象联系起来，对传媒品牌进行识别和选择，例如，"懒熊体育"的 logo 是一个黄色调为主的熊的头部，与其名称一致，具有高度的识别性，受众一看到"黄熊"就能知道内容出自懒熊体育。其次，体育传媒品牌更深层次的内涵在于每个企业自身的特色和独有的传媒文化。例如，PP 体育的"造极"理念，以极客精神、极物标准、极速状态打造差异化品牌，以"用户"和"服务"为核心放大品牌效应，独特的品牌内涵深入人心。体育传媒应通过自身特色定位以及内容产品传播自身文化价值，在建构品牌中营造无形差异。

体育传媒品牌是以体育受众为本，观众只有被产品所吸引并被影响而进行消费才可以评判体育传媒品牌的价值。体育传媒品牌特别强调用户体验，赛事资源、播放质量、解说水平、节目特点都是制约用户数量和用户忠诚度的因素。品牌专家大卫·爱格认为，品牌就是产品、符号、人、企业与消费者之间的联结和沟通，没有消费者就没有品牌。[1]加上互联网时代口碑传播盛行，体育的集群能力和社交关系传播使体育传媒品牌必须重视体育受众的期待和体验。因此，品牌传播应以消费者导向为原则，通过制造轰动效应来吸引受众眼球，引导受众停留、观看和选择，积极营造优质品牌和忠实消费者以及潜在消费者的关系，促使消费者能主动或者被劝服地亲身参与更深层次的互动体验，实现品牌与消费者进行理性和感性的互动。

体育传媒品牌需要兼顾受众与广告商。针对受众的品牌营销目的是吸引更多受众，而广告商最终目的是通过购买品牌吸引受众注意力从而为传媒带来收入。所以体育传媒应周密策划针对两方不同的具体品牌经营战略，追求广告投放方利益和传媒品牌自身利益的一致，既实现客户需求又体现品牌价值。

体育传媒品牌具有持久性。体育传媒品牌的形成，必然有自身一定的积累和传承，形成一种受众所信任和认可的形象。相比体育用品、内容节目来说，体育传媒品牌的形象更加稳定。因为产品有时间限制会过时，但是品牌

---

[1] [美]大卫·爱格.品牌经营法则——如何创建强势品牌[M].沈云骢，汤宗勋译，呼和浩特：内蒙古人民出版社，2002.

经过长期积累深入人心，经过精心维护，品牌可以超越时间持续发展。这种对品牌持久性的要求需要传媒保证体育内容产品的质量，一旦内容质量下降，忠诚的受众就会流失，从而对品牌造成极大的损失。

体育传媒品牌的内涵与体育相关。在整个传媒行业，体育传媒与其他传媒相比的最大差异就是聚焦于体育领域，针对性更强。不论是内容产品、品牌名称、品牌标识还是品牌内涵，都要体现体育因素。任何一家体育传媒企业，都是运用体育节目、体育营销等一系列与体育运动相关的方式打造自己在传媒行业的一席之地。例如，一提到街头篮球，用户自然而然会想到"虎扑体育"，一听到"五星体育"，用户自然知道这是获取体育信息的频道。

体育传媒品牌传播途径多种多样。体育传媒依托体育元素生存发展，而体育本身以及体育服务都是良好的天然宣传平台。多种体育项目、多样体育赛事、多类体育用品等都可成为体育传媒品牌的传播平台。例如，2017年腾讯体育主办了全新赛事IP"企鹅派对跑"，主打"派对"主题的大众赛事融合社交元素，通过赛程设置、赛道设计、参赛方式、赛事周边等，让QQ企鹅又火了一把。通过办原创赛事IP体育传媒可以借助体育，通过多种途径传播自身的品牌。

体育传媒品牌具有较强的延伸性。因为体育传媒生产的内容产品多是虚拟的文化产品，在吸引了一定数量的受众后，很容易实现品牌延伸，产生溢出效应。比如虎扑体育最初是从篮球发家的，通过对篮球社区的垂直深耕，拥有了大量的忠实用户。后来该公司慢慢开始延伸到足球、F1、网球等其他项目，进入了全体育领域。而且虎扑在2011年成为中国最大的体育网站，逐渐开展了体育装备交易、彩票等多个板块。体育传媒的品牌价值通过产品的传播实现外溢和延伸。

体育传媒品牌更应该适合国际传播。体育是一种复杂的社会文化现象，随着国际交往的扩大，体育逐渐成为国家外交的重要手段和发展进步的重要标志。国际体育赛事在我国的广泛传播使体育传媒必须重视品牌的国际传播问题。我国缺少NBA、世界杯等全球重量级赛事，同时也缺少具有全球影响力的体育传媒公司。例如，IPG旗下的"八方环球"，是全球规模最大的体育赞助咨询公司，为500多家世界级企业以及900多名运动员提供专业服务，每年运作超过13 000项赛事活动。八方环球的客户遍布全球，品牌影响力不言而喻。体育是无国界的，全球化时代体育传播必须走向国际，所以体育传媒品牌想要扩大全球市场占有率，必须做好国际传播。

体育传媒品牌是体育传媒产业竞争的一项重要工具。一个深入人性的品牌是体育传媒最有力的竞争武器。在市场竞争日趋激烈的今天，品牌成为体育传媒企业吸引受众和广告主、留住受众和广告主、排挤其他竞争对手的重要手段。如果一个体育传媒企业不善于培育品牌，利用品牌进行竞争，就极易被打败。

二、体育传媒品牌经营

1. 品牌经营

品牌经营是指通过对品牌的有效管理，塑造良好的品牌形象，扩大其品牌影响力，提升其品牌美誉度，从而提高消费者忠诚度，形成传媒品牌优势，再通过品牌优势的运营和维护，最终实现品牌的创立和发展。

品牌的经营方式和产品的经营方式不一样，品牌经营是一种核心的信念。它经营的不仅仅是传媒的外在形象，还包括受众对其的认同，这种认同反映了传媒品牌的特色，体现了传媒的影响力、公信力、美誉度等实力。因此品牌经营是传媒竞争继单纯的产品内容竞争、变现能力竞争、展现技术竞争、产品服务竞争之后的高级阶段，是多种手段的综合运用。

2. 体育传媒的品牌经营

体育传媒的品牌经营，既包括了整个传媒的品牌经营，也包括了体育传媒所掌握的赛事资源、原创自制节目质量、广告赞助资源等品牌经营。总体而言，体育传媒品牌是传媒组织在目标受众心目中所需要确立的一种形象，是为目标受众群专门设计的、表现个性的经营姿态，体现了一种"量身定做"的概念。①

3. 体育传媒品牌经营的重要性

（1）品牌经营有助于提升体育传媒核心竞争力。我国体育传媒产业还处于初级成长阶段，很多方面都没有成熟，与国外的体育传媒产业发展仍有很大的距离。但是我们要强调自己的特色，不能照搬国外的模式，在缺乏实践操作经验的情况下实现符合中国特色的体育传媒品牌发展。目前国内外的制约因素使我国体育传媒产业面临着竞争的内外困境。

---

① 钱晓文. 当代传媒经营管理 [M]. 2版. 广州：中山大学出版社，2014.

内部困境是指体育传媒内容产品的同质化，即不同传媒内容产品的风格定位、内容设置、受众市场、发布方式甚至广告模式都大同小异；外部困境是指在信息技术革命的推动下，国外实力强劲的传媒集团通过兼并、收购等方式增强其品牌价值以及扩张力，形成了一种对外传播的强大控制力和统治，使我国处于小规模发展的体育传媒公司在对外传播中常常没有话语权。

随着我国体育传媒产业化的发展，内部和外部的竞争元素对体育传媒的威胁越来越大，促使传媒竞争的内涵转向品牌竞争。通过品牌来吸引和维护受众以保证体育内容产品在市场上的地位，树立良好的传媒形象，是十分有效的竞争手段，也是体育传媒扩大国内和国际市场占有率和影响力的重要组成部分。品牌战略可以培育传媒的核心竞争力，有助于我国体育传媒提高产业化经营水平，增强自身竞争力。

（2）品牌是体育传媒生存发展的根本所在。钱晓文在其《当代传媒经营管理（第二版）》一书中提到了美国沃尔特·麦克道尔对于品牌重要性的认识，他认为品牌资产对传媒机构的重要性主要体现在：① 成功的品牌更容易保持成功；② 可以利用品牌来支持品牌拓展；③ 具有良好资产的消费品牌在宣传推广方面花费更少也更有效；④ 在大多数传媒产业中存在"双重危险法则"，即使在小众营销时代，影响力较小的品牌不仅受众少而且受众忠诚度也低。①

基于此，作为传媒无形资产的品牌拥有很重要的地位。体育传媒利用其精心创造的品牌内容，形成一个能带来良好经济效益的产业圈。当品牌在受众心目中的形象得到肯定后，更有利于体育传媒以自己原有的业务为基础，开发新的业务领域，扩大宣传力度的同时还能节约推广成本。例如，还没有与中央广播电视总台合作之前的 IMG 国际管理集团，最初起步于网球和高尔夫明星经济，与明星球员的合作让它树立了品牌形象后逐渐扩展到赛事管理、节目制作、体育培训等业务。IMC 发展至今已经成为世界领先的独立体育节目制作发行商，拥有强大的市场竞争力和话语权。

（3）品牌经营可以帮助体育传媒挖掘更多的受众资源并巩固现有的受众资源。传媒是影响力经济作用下的产物，对于传媒来说拥有大量的受众才是

---

① ［美］沃尔特·麦克道夫，艾伦·巴滕. 塑造电视品牌：原则与实践［M］. 马敏译，北京：中国传媒大学出版社，2006.

硬道理，所以做体育传媒产业实际上就是用品牌来培养其影响对象，积累大量忠诚度高的受众，并以此保证广告收入。体育传媒通过品牌的经营，能够增强内容产品的传播效果，充分发挥品牌的力量，使传媒对宣传的品质产生更加积极的影响，从而增加消费者选择传媒的可能性并且培养消费习惯。强大的品牌可以加强受众对传媒忠诚度，并通过新媒体时代的关系传播吸引新的受众，保护体育传媒推出的内容产品不受到同行业变相竞争的冲击。例如，中央广播电视总台体育一直以丰富的赛事转播资源、原创的《天下足球》《足球之夜》等招牌栏目树立的了专业、个性的体育品牌形象，以此吸引了大量的忠实观众。从2017年的温网、法网到2018年新签约的F1、法甲联赛，中央广播电视总台一直利用自身的影响力不断扩大赛事转播资源，同时开发更多的受众资源，这是中央广播电视总台在我国一直领先于其他体育频道的原因之一。通过品牌经营维护好与受众的关系可以帮助传媒扩大产销能力，提高市场占有率。

（4）品牌是体育传媒广告经营的基础和依托。广告是传媒的经济命脉，而且广告经营是以品牌的影响力和美誉度等作为基础的，如果传媒没有过硬的品牌形象就很难拥有数量庞大的受众群，自然就会失去广告商的信任。体育传媒品牌资源是广告投放的重要标准，品牌响、名气大，受众对传媒就较之于其他一般传媒更加关注和偏好，广告投放也才更有针对性。在我国，中央广播电视总台CCTV-5和上海五星体育频道一直是遥遥领先于其他电视台体育频道的体育传媒品牌。就广告价格来看，中央广播电视总台的《天下足球》和《NBA最前线》两档知名栏目播放前后的广告价格达到5秒11万元、10秒16万元、30秒38万元；而五星体育虽然在上海地区收视率较高，但总体上广告价格比中央广播电视总台低了不少，最贵的广告在《弈棋耍大牌——"欢乐三打一"》和《超G周末》栏目这两款栏目前后播出时段的广告价格分别为15秒24 000元和30秒40 000元。可以看出如今体育传媒市场竞争日趋激烈，谁拥有价值高的品牌就等于拥有了更高价值的广告资源，在广告经营中也可以避免被动，给传媒本身带来更多的利益。

三、影响体育传媒品牌经营的因素

1. 体育传媒内容和服务质量管理

随着我国体育传媒产业进入品牌竞争时代，激烈的竞争使得传媒品牌的可持续发展变得尤为重要。加强内容和服务质量管理是可持续发展的基础。体育内容产品的质量以及内容产品衍生的服务质量是体育传媒品牌建立、健全的根本，是体育传媒影响力的最直接体现，更是传媒竞争和影响力的外在表现。体育传媒作为一种特殊的产业，对其内容产品和服务的质量要求有特殊的要求。体育赛事的传播一直是品牌经营的重中之重，很多媒体拼命争夺体育赛事资源就是为了能够拥有独一无二的内容产品。2018年是苏宁旗下的PP体育独家直播中超联赛的第二年，2017年中超的新媒体独播权让PP体育的流量大增，扩大了苏宁的品牌价值和影响力，成为中国民营企业500强的亚军，苏宁花大价钱买下中超独播版权就是为了能够提供独特的优质内容。不仅如此，PP体育还以此为优势不断提升直播高清质量，招兵买马聘用专业解说人才，为中超直播提供更极致的服务。只有提供的产品和服务超出受众的期望，才能有效地建立体育传媒品牌。所以导入内容产品质量管理对于规范传媒企业的管理，打造品牌，提高传媒的核心竞争力具有重要意义。

为了保证体育内容产品的质量，体育传媒必须积累和学习先进的管理经验，不断改进运营业务流程和产品生产方法，提高传媒内部工作人员的质量意识和专业技能。具体可以从以下方面入手：

（1）注重人、财、物等硬件部分的投入。赛事转播对于传播时效性、画质清晰度和流畅度的要求都较高，这都让体育传媒必须不断优化硬件设备，尝试新技术。只有客观条件满足的前提下，才能保证生产出来的内容以及提供服务的质量。

（2）重视内容服务。体验经济时代，用户对于服务质量的要求不断升高。体育受众都是为了通过体育传媒获取体育信息，获取的过程越令人满意就会增加用户对传媒的忠诚度，对于体育传媒来说在抢夺独家资源的同时必须重视服务体验。服务质量关系到品牌的声誉，全方位提高服务质量，不仅是以受众需求为目标为其提供满意的服务，还要针对广告主。广告收入是体育传媒赖以生存的基础，为其提供专业化、高质量的服务，才能保证广告的针对性和有效性，保持与广告主的稳定关系。

（3）提高专业化水平。专业化水平制约着传媒质量，尤其体育领域对于专业性知识的要求较其他文化传媒更高。体育传媒内容的制作必须形成统一的生产模式以确定统一的制作标准、技术和风格，保证体育知识的正确传播。没有专业分工，就没有标准化生产的品牌。①

2. 体育传媒公共关系

公共关系就是传媒组织为了实现自身的利益和社会利益的一致性，以树立良好的传媒品牌形象为主要目标，进行科学的策划后运用多种传播手段来加深公众对传媒的理解和信任、使自身更能适应受众和社会的需要、与同行业或跨行业之间达成双赢的合作、协调传媒内外的各种矛盾，进而为体育传媒的传播活动营造良好的环境。公共关系能树立品牌，有助于增强体育传媒的竞争力。开展公共关系的具体策略有：

（1）树立品牌意识，创办传媒的名牌产品。树立体育传媒的良好形象，可以从打造名牌内容产品入手。对体育传媒而言，品牌意味着特性和品质，独家赛事资源或者独有赛事 IP 等名牌内容产品能带动体育传媒整体形象的提升。2017 年腾讯体育与美国最热门的联赛——美国国家橄榄球联盟（NFL）签署了协议，成为其独家视频转播方，无会员限制地提供所有场次的高清转播，同时腾讯还引入了与 NFL 相关的选秀、比赛日、硬汉和新秀训练营、橄榄球人生等节目，整合 ESPN 中的橄榄球媒体资源，打造中文最全的互联网橄榄球资讯。打造名牌内容产品不仅可以树立传媒形象，还会带来良好的经济效益，推动传媒良性滚动发展。

（2）注重传媒形象的包装。传媒形象是指社会公众对传媒的总体看法和评价，是传媒强大的无形资产，有内在形象和外在形象之分。内在形象，主要指体育传媒内部工作人员的形象，也就是成员的素质；外在形象，是指视觉可见的形象，首要的是体育传媒的产品形象，也就是传媒的内容、形式等。世界体育传媒第一品牌 ESPN 依据自己独特的"娱乐"品牌定位、精准的市场调研、精心设计的栏目、自发举办的大众赛事、先进的制播技术和涉及多个实业的品牌延伸打造了一个成功的体育传媒品牌。体育传媒的内容产品是反映传媒综合素质的镜子，ESPN 的内容质量是得到一致认可的，多个机位和专业解说以及大数据分析给观众提供了一流的节目。注重传媒产品形象的包装，对于树立传媒形象、赢得受众至关重要。

（3）积极参加各种社会公益活动。公共关系的目的在于树立传媒形象，

---

① 袁冲，黄丹. 论媒体品牌的可持续发展要素［J］. 华中科技大学学报（社会科学版），2004：115-117.

有两个评估指标：知名度和美誉度。体育传媒组织可以通过积极参加公益活动来进入公众视野，努力扮演社会活动参加者、组织者以及传播者的角色，增强自身的知名度和美誉度。如 2017 年腾讯体育与腾讯娱乐共同联手，在北京长城上举行的公益主题活动，普及长城小知识。腾讯体育联合明星名人，以"公益+体育+娱乐"的形式展开的公关活动有助于其品牌价值的提升。

（4）开展必要的广告宣传活动。体育传媒作为广告载体也应该运用广告来宣传自己，其广告的目的不在于对内容产品的自夸，而是树立传媒形象。可采取的形式多种多样，比如广告推广、网站推广、博客或者微博推广、活动推广、公共推广、路演推广等。ESPN 成为尽人皆知的体育传媒品牌，就因为它十分注重品牌推广。它结合多种广告宣传方式，如电视上播放创意宣传片、地面上举办大型赛事派对、网络提供全面资讯等，都是 ESPN 强有力的自我宣传，提升了其品牌形象。广告是告知公众的一种非常有效的手段，体育传媒应将公关与广告紧密结合，主体围绕如何树立自身的良好公众形象展开。

在体育传媒竞争日益激烈的今天，为打造一个有活力、有亲和力、有竞争力的体育传媒品牌，公共关系已经成为体育传媒市场化营销传播中不可忽略的工具。公共关系的最终目标是树立体育传媒形象，在传媒竞争中必须意识到公关活动的重要性，从被公关转换为公关的主体，通过与社会公众和行业内部建设良好的公共关系来赢得更大的社会效益与经济效益。①

3. 体育传媒产业人才战略

人不仅是体育传媒产品的生产者，这种精神产品的生产还需要对传媒从业人员有很高的要求，与此同时人自身也可以成为体育传媒品牌。

对于体育传媒来说，通过人才战略进行品牌经营可以从以下两个方面进行：

（1）明星制。所谓明星是指凭借独特的个人魅力和才能征服受众的传媒品牌，对于体育传媒来说，主要是指体育明星、专业评论人员等。每一个明星都有着出众的业务能力和独特的见解，比如球王梅西，名嘴黄健翔，这是他们成为体育传媒明星品牌的资本。

---

① 曹鹏. 传媒机构的公关策略与艺术 [J]. 新闻记者，2004：27-28.

明星制要求体育传媒机构：① 必须有洞察力，能及时发现、挖掘出明星身上潜在的巨大品牌价值；② 要有精心的包装、培养和开发手段，比如乐视体育曾依据黄健翔作为明星品牌打造的节目《黄·段子》上线首日总播放量高达数十万，不仅创造了行业高峰，也打响了当时乐视体育的品牌名声；③ 用人机制和激励机制的不断完善，充分发挥明星从业人员的潜力。

明星制可以把受众对于体育明星或明星评论员的喜爱转化为对产品的喜爱，对体育传媒机构的喜爱，因此明星成为媒体品牌经营中的核心竞争力。

（2）组建专业的人才团队。高效专业的团队，对于体育传媒品牌的建构很重要，因为他们是传媒产业的直接生产者，他们的水平和效率直接决定了传媒产品的质量，同时也是其他竞争者无法复制的差异化优势。

尤其对于体育传媒来说，组建专业化的人才团队可以克服科层制组织结构带来的各种弊端，如分工过细、决策缓慢、跨部门沟通受阻、灵活性差等缺点。ESPN之所以成为行业领先者与其高质量的内容产品是分不开的，而正是专业化的团队才能打造出优质节目。ESPN的节目编排十分科学，通过时间上的无缝对接将每个赛事按季度合理编排而不起冲突，重要赛事凸显赛季特点并集中于高收视时段，通过专业的多人现场报道、数据展示背景资料和现场信息、明星的深度采访，专业解说的个性点评和图文并茂地呈现模式等方式将自身媒体的资源价值最大化，凭借专业发挥品牌效应。①此外，专业的工作团队可以营造出一种灵活变通、合作有力的工作氛围，促使部分优秀人才从事开创性的工作，提高传媒组织运行的效率，完成某些在传统组织形式中难以顺利完成的战略目标，为建立或提升传媒品牌形象服务。②

四、体育传媒品牌日常管理

由于品牌具有持久性，成功的体育传媒品牌的建立是一个长期而艰苦的过程。因此，品牌的日常管理会影响品牌的价值。加强对体育传媒品牌的日常管理，主要包括以下几个方面：

对潜在风险的分析，主要包括对传媒经营环境的分析，如同类媒介之间、不同媒介之间的竞争；对受众市场环境的分析。近年来体育赛事转播版

---

① 丁和根. 传媒竞争力——中国媒体发展核心方略[M]. 上海：复旦大学出版社，2005.
② 邵培仁，陈兵. 媒介战略管理[M]. 上海：复旦大学出版社，2003.

权水涨船高，中超联赛的版权已经卖出了 5 年 80 亿元的高价，版权之争越发激烈，乐视体育也因大肆购买版权产生资金危机，新浪体育在大型竞技赛事的"版权战争"中保持沉默，转而打造自有赛事，从门槛高的竞技赛事转向受众基础更广的业余赛事。新浪之所以放弃热门赛事 IP 就是根据自己的成本运算，分析跟其他竞争者抢夺版权利润空间并不乐观，所以转向打造自有赛事 IP。

对品牌核心因素进行维护，主要包括确保品牌相关工作人员的稳定，比如明星内容的制作者；强化受众满意战略；巩固与广告主的良好关系。2015 年新浪体育启动"3V3 黄金联赛"，将街球比赛作为自己的赛事运营核心。赛事保留了美国街球的原有特色，还根据中国特色进行赛制创新设计，砸下重金吸引高质量的街球队和球手提高比赛水平，创造更多的盈利点满足赞助商需求等，新浪对黄金联赛的一系列维护和运作，使中央广播电视总台在 2016 年对其进行了免费转播，品牌经营取得成功。

做好传媒品牌的合理延伸，借助自身的知名度和美誉度开发新产品，将品牌价值最大化，减少新内容的推广费用，争夺更大的受众市场，扩大自身的整体影响力。2016 年乐视体育打造的"启乐无穷，善行中国"骑行赛事成功推广了自身媒体的品牌。乐视与东风启辰汽车合作打造赛事，匹配 9 个不同城市的文化特色，整合线上+线下，从赛事内容、明星参赛者、智能装备等不同模块结合乐视影业和乐视音乐等大量资源，大规模地传递乐视体育的品牌价值观，成功地推广乐视体育积极健康的品牌形象。

五、体育传媒品牌危机管理

体育传媒品牌危机是指传媒在经营过程中由于外在环境的影响，如竞争对手、受众、广告主、经营环境的变化或者自身的失误，如战略危机、产品危机、人才危机、财务危机等，而导致的对品牌的不利影响。乐视体育在 2015 年起势，大量的资本涌入却没有得到合理地运用，过分购买版权造成资金链断裂、产品和服务的质量瑕疵以及上下游产业链的构建缺陷等问题使乐视体育陷入生死危机。大量的裁员和负债危机让乐视不得不重组，但是过往的错误管理已经使乐视名声败坏，重组的前途也是迷雾重重，乐视想要再次树立起品牌恐怕非轻易之事。所以经营危机轻则损害传媒品牌形象，降低品牌价值，减少传媒市场占有率，重则危及企业生命，给受众乃至社会带来不良影响。

体育传媒品牌的危机管理，要从以下三个方面进行：

1. 危机的预防阶段

（1）树立全员危机意识，以防任意一人给品牌带来危机，也使员工在关键时刻能化解品牌危机；

（2）加强传媒内部的制度化管理，严格把握传媒产品质量；

（3）建立企业危机预警系统。

2. 危机的应对阶段

（1）迅速成立危机处理小组，保证分工明确、互相配合、有序处理；

（2）迅速调查情况，对可能带来的危害充分预测；

（3）迅速阐明情况，体育传媒要利用自身的媒体属性及时发布最新信息；

（4）做好内部沟通，达到内部沟通一致；

（5）做好危机公关，正确面对负面影响，承担责任。

3. 危机的应用阶段

危机的发生不仅可以带来损害，也有可能带来机遇。传媒应吸取教训加强品牌危机意识，巧妙利用危机改进或重构品牌，通过危机的推动改正并且强化品牌，得到企业美誉度的提高。

2017年乐视体育在与亚足联解约事件上的危机管理就是一个失败的案例。首先亚足联单方面提出解除合约令没有做好危机预防的乐视措手不及；其次乐视的危机应对也过于敷衍，不能明确地给出球迷具体赔偿方法，只有咨询电话留给球迷们泄愤，赔偿的免费半年会员无疑延长了球迷看不到亚冠直播的痛苦；最后乐视不但没有利用危机挽回用户的心，反因为资金问题不得不再放弃中超版权。如此失败的危机处理对乐视体育品牌的打击无疑是致命的。

第四节 体育传媒品牌经营战略

体育传媒的品牌经营包括品牌的创立、维系和创新，分别对应传媒品牌导入、成长成熟和衰退三个生命周期，每阶段的战略各不相同，是一项系列的工程。体育传媒产业必须树立品牌意识，忠实品牌经营，形成品牌优势，从而提升竞争力。

一、体育传媒品牌的建立

1. 树立品牌战略意识

体育传媒首先要树立现代品牌战略意识，从战略的高度重视品牌建设。在新经济时代，品牌是传媒赖以生存和发展的生命线，以品牌来保证自家产品在市场上的地位，树立传媒优秀形象，是强有力的竞争手段和未来的发展趋势。

2. 正确进行品牌定位

体育传媒品牌定位是指对以传媒产品为基础的品牌形象对受众进行定位，目的是为了让受众能够对某个传媒品牌产生有益的认知，进而产生偏好和忠诚。而在这一过程中，媒体最终要让受众通过对传媒品牌的认知来获取传媒自身的文化价值。通常进行品牌定位的方式有传媒产品形式定位、目标消费者定位、消费感受定位、情感形象定位、消费观念定位等。①如杂志《网球俱乐部》，其品牌定位于网球的时尚属性，而《网球》则定位于网球技术教学，《网球天地》杂志定位于专业性。

为了树立正确的品牌定位，媒体应该做到：（1）重视市场调查，以减少经营风险，整体把握品牌经营战略。体育传媒应该针对目标受众展开全面地调查分析，利用数据技术减少无效传播；（2）打造具有鲜明特色和个性的传媒品牌，这是新创品牌的关键所在，传媒应把握自身优势，整合各种资源，凸显与众不同的个性，使自己的品牌在众多体育传媒中脱颖而出。例如，上海盛力世家凭借冰雪和拳击赛事 IP 崭露头角，公司聚焦于花样滑冰、拳击等小众体育赛事的品牌特色，并于 2016 年赢得了华人文化 C 轮 1 亿美元的投资，而且拳击这种荷尔蒙爆发的项目刻画出来的热血传媒形象也成为其独特的品牌风格。

二、体育传媒品牌的维护

1. 打造体育传媒品牌形象

CIS 即企业识别系统，包括传媒理念识别（MMI），传媒行为识别（MBI）

---

① 季宗绍. 传媒经营与管理［M］. 南京：南京师范大学出版社，2010.

和传媒视觉识别(MVI)。其中传媒理念是传媒品牌形象塑造的核心内容，必须确立具有独特个性的体育传媒理念。例如，以"因地制宜，打造经典"为理念推行健康生活的诺迪维公司；以"创造、影响和收获"为理念打造中国自主赛事 IP 的盛力世家公司等；传媒行为包括仪容仪表的规范、员工素质、行为准则等；传媒视觉识别包括识别标志、标语、识别色彩等。

好的品牌形象，容易让受众做到过目难忘。好的品牌形象传播技巧与方法，同样有助于受众记忆。单纯的视觉差别已不能适应体育传媒发展的需要，必须有一套系统的传媒表示、商标、包装、理念等系列的、全方位的、多角度的经营方式。建立有特色、能体现自身经营理念的品牌识别系统，对于树立传媒形象、赢得受众至关重要。例如阿里体育新的 logo 采用了橙色的字体，温暖的颜色和向上伸展的图形不仅贴合 Alisport 的开头，而且展现了体育的欢快和阿里追求完美的愿景。

2. 以消费者为中心塑造品牌体验

品牌是一个需要全方位运营的架构，牵涉受众消费者与体育传媒产业沟通的各个方面，品牌若不能与受众和广告主结成亲密关系，就会丧失品牌的资格。品牌体验就是以消费者为中心打造强势品牌的重要途径。通过各种形式的品牌体验，深刻影响受众和广告主，持续塑造其体育信息获取方式和广告资源购买方式，增强体育传媒品牌的影响力效应。腾讯体育是 NBA 的数字合作媒体，在直播 NBA 赛事时特别注重观众体验，采用高科技硬件设备提供高清体验的同时还为用户提供人性化的视角选择，个性化的自制栏目加上重金请来的明星解说和主持人以及如吴亦凡等颇受女性观众喜爱的帅气明星，都给用户带来了满足感极强的观看体验，拉近了腾讯体育这个品牌和消费者之间的距离。

3. 体育传媒整合营销打造品牌

整合营销是指从消费者的需求为中心重新组织管理企业，协作运用多种传播方法，能够保证在不同的场景和时间内都传递一致、持续的品牌形象，及时处理反馈以加强与消费者的双向沟通，稳固品牌在消费者心中的形象和地位，建立品牌与消费者的长期密切关系，将品牌作为无形资产不断积累，扩大品牌优势，提高竞争力。

体育传媒品牌的整合营销战略是指围绕传媒及其产品品牌而展开的塑造

传媒形象的所有规划活动。传媒通过内容策划、公关关系、附属产品开发等一系列营销手段，实现传媒内部、传媒之间、跨媒体、跨行业以及跨地域的整合营销，策划有一定创意并能产生社会效应的活动，让受众获取对于同一体育传媒的不同品牌信息。

在新媒体对传统媒体冲击越来越大的时代，《体坛周报》的整合营销做得比较成功。《体坛周报》一直秉持专业化和权威化的品牌理念，以比赛为核心，甚少涉及明星绯闻和体育八卦，以专业人士约稿和回答体育受众的特制板块等方式满足高端体育受众的需求。同时《体坛周报》顺应新媒体浪潮，开拓了体坛网和手机用户端，注重国际化传播，不仅承接了像拜仁慕尼黑等世界知名足球俱乐部中文网站的维护，还在多个国家设有常驻记者站，与全球知名体育媒体达成合作。虽然新媒体发展如火如荼，但是《体坛周报》通过整合营销在用户心中留下了专业而高端的品牌印象。

4. 重视对忠诚顾客的营销

品牌是一个以消费者为中心的概念，体育传媒品牌塑造不仅是为了吸引新的受众和广告，维护和保持受众的需求同样重要。研究表明，维持一个老顾客的费用仅为开发一个新顾客的1/4。因此体育传媒产业要充分利用大数据技术，以消费者中心，发展顾客关系管理，发现并培养一批核心顾客群，并建立顾客数据库，运用数据分析和利用核心顾客各方面的情况，然后据此提供有针对性的传播和服务，以培养受众和广告主对传媒品牌的忠诚度，进而建构自身品牌的知名度和美誉度。例如，腾讯体育为会员提供的1080P蓝光高清视频观看NBA赛事以及提供多种视角观赛，这些都是提高用户体验度，维系用户忠诚度的方法。

三、体育传媒品牌的创新

1. 创新保持体育传媒品牌的生命力

品牌建设不是一劳永逸的，创新是第一推动力同样适用于体育传媒品牌的培育和发展。品牌建构是一个变化的过程，必须实时丰富传媒品牌的内涵，加深文化底蕴的同时大胆创新，赋予品牌与时俱进的含义。

体育传媒品牌创新的主要内容有：（1）产品创新，根据受众需求的变化，不断挖掘新兴的赛事、体育活动等内容产品。如今小众体育项目和群众体育赛事等体育活动也开始进入大众视野，不少传媒抓住草根赛事的热点，挖掘赛事新价值，给品牌增添新活力；（2）技术创新，率先利用新技术，保证传媒产品的生产效率和用户观看赛事、获取资讯的体验。体育传媒应积极使用 VR、AR 等高新技术，保证自身硬件设备的竞争力；（3）营销创新，不断研究受众的需求创新广告宣传，利用网络时代的关系传播并开发更新更奇特的营销策略，以培养新的受众；（4）人力资源管理创新，创新激励机制，满足人才需求。体育行业的专业性要求较高，粉丝效应也更强，作为体育传媒必须保证人才资源的丰富，确保传媒产品质量，吸引更多的用户；（5）服务创新，不断提高自身在受众和广告主心目中的美誉度；（6）品牌标识创新，跟住市场潮流，适应市场变化；（7）定位创新，通过市场调研和细分，发现品牌独特的差异性，与时俱进地与受众需求空白点相匹配。

体育传媒进行品牌创新的主要策略有：（1）跟进策略，当竞争对手已经对品牌有所创新并威胁到自己在市场中的地位，短时期内还找不到更好的创新方向和途径来超越时可采取跟进策略。如我国目前体育电视媒体以中央广播电视总台体育频道一家独大，其他地方体育电视频道无法超越中央广播电视总台的影响力，只能选择跟进政策。（2）进攻策略，在综合衡量自我和竞争对手的各种综合实力后，依据受众的新需求，而采取的主动争夺市场份额的策略。新浪体育针对草根赛事热点，依靠自身大量微博用户的基础开发3V3 篮球赛事，现已成为本土黄金赛事 IP 创新的翘楚。（3）领先策略，为了确保自己在市场竞争中的领先优势，率先采取对竞争对手未来可能做的创新采取封杀的策略。PP 体育现在已经是中国第一足球媒体，集齐了中超、亚冠、英超等 7 大核心赛事版权，而且签约了黄健翔、张路等多位解说明星，必须承认它在我国足球媒体上已遥遥领先。（4）寻隙策略，力量相对薄弱的体育传媒机构在其他强势机构没有看到或者不屑于开发的市场上寻求生路的一种品牌创新策略。国内较资深的花样滑冰运营公司梅珑体育就是专注于花滑和其他小众精品赛事的深耕和推广，在篮球和足球等体育运动风靡的当下也打出了自己的冰雪特色。

2. 科学选择品牌延伸领域

品牌延伸就是体育传媒把现有知名品牌使用到新产品上去的经营行为，这种创新方式是针对已有品牌的。其目的一方面是为受众和广告主提供更完整、更全面的服务以加强传媒与他们的关系，提升品牌媒体；其次是建立传媒品牌权威；最后是提高投资收益。

阿里体育现在正慢慢地布局其体育品牌产业。从 2017 年开始阿里体育涉足马拉松赛事版权、自创电竞赛事、拳击市场开发，如今将品牌延伸到了智能场馆建设和青少年培训。阿里体育依靠阿里巴巴电商的用户资源和几年来阿里体育的品牌基础，向体育产业的各个领域进行品牌延伸，以此来提升阿里体育的品牌竞争力。

品牌延伸不仅可以扩大体育传媒的影响力，有利于其进行战略调整，还可以为传媒争夺更大的受众市场。但是强势的品牌延伸不一定百分之百带来好的结果，因此体育传媒在选择品牌延伸时一定要慎重，考虑受众接受能力以及已有品牌的核心价值等因素，科学地进行选择和规划，规避品牌扩张带来的风险。

 经典案例

苏宁体育：我国体育传媒产业品牌塑造的先行者①

一、苏宁体育概况

当苏宁体育旗下的 PPTV 一网打尽中超、亚冠、西甲、英超在内的超过 30 个各类联赛版权后，PPTV 的发展走向看点颇多。发展初期的中国体育产业不够完善，在借鉴国外成熟模式时，有些弯路又非走不可。

目前我国体育产业的发展还处在摸索阶段，要形成一套体系化的变现能力还需要中长期规划。不过，资源越丰富的公司，能够摸索的方向就越多，集团的强大资源优势让苏宁体育更具有竞争力。

近年来，苏宁体育强势布局足球领域超级 IP，在拿到中超和亚冠版权后，苏宁易购通过"加油吧！亚冠""超级比赛日"等活动，将体育比赛和购物串联。苏宁体育传媒事业部常务副总裁曾钢透露，苏宁体育握有的赛事基本为 5 年左右的中长期版权，这也意味着苏宁有机会赶上体育会员消费的爆发期。

体育已经成为苏宁易购一个新的引流突破口。苏宁方面也多次强调，苏宁旗下的各个板块都会通过体育版权资源获益，各个板块消化和变现的能力将支撑这样的投入。目前，苏宁旗下有苏宁金控、苏宁置业、苏宁

---

① 孙麟翔，刘之爽. 赛事 IP 盈利短期难现［N］. 北京商报，2017（5）.

云商、苏宁投资、苏宁文创、苏宁体育6大产业体系，通过体育将各个体系进行连接，形成协同效应实现盈利变现。

尽管顶级版权赛事可以作为集团串联业务板块的纽带，但对于版权本身的变现，曾钢说道，"没有一家公司在短期内持乐观态度，大家看好这一市场，才会愿意用一个远期的价格购买"。

二、苏宁体育传媒产业分析

1. 广告+会员，为赛事"牵线搭桥"

苏宁有着建立"体育帝国"的美好愿景，广告和会员被视为其构建过程中最基本的因素。广告和会员是体育产业变现的两种重要方式，国内的会员付费已经进入爆发前期，未来可以预期。

苏宁体育是苏宁集团的板块之一，在集团总战略中未必直接盈利。苏宁体育在聚拢足球顶级资源的定位上比较清晰。依靠苏宁集团本身的体量，苏宁体育可以和现有资源形成互补，建立良性循环。

竞技类项目IP和头部赛事是体育产业投资中的最热门领域。除苏宁对一系列足球赛事的版权购买，腾讯拥有NBA 5年版权，万达体育先后并购瑞士盈方体育传媒、美国世界铁人公司、入股马德里竞技俱乐部，目前我国形成体育赛事举办、运动员竞技、赛事营销、赛事转播的体育产业链。

基于此，苏宁体育规划出了To B和To C端的两种盈利模型。据曾钢介绍，To B端以广告收入为主。除传统电视网络广告外，PPTV作为互联网媒体会有基于互联网思维的创新广告，这一部分收入很可观。苏宁将把体育和国内外知名品牌联动，最终形成一家企业对球队或者赛事的长期赞助。同时，苏宁还计划用创新的互联网手段让广告有更多、更容易被受众接受的呈现形式。

会员付费是To C端的基本盈利模式。曾钢表示，苏宁体育并不希望用垄断的方式获利，而是希望基于特殊、个性化的服务收费，在收费的同时培养用户对于IP或者球队的忠诚度。目前，苏宁体育正与中超俱乐部对接，未来将与俱乐部在套票、球衣、专属频道等方面合作，帮助俱乐部培养球迷文化。

从目前来看，巨头搭建球队、俱乐部、赛事版权、媒体平台，这些核心资源相互之间打通后可以聚拢大量流量，最终形成盈利。苏宁体育现阶段还是内部运营模式整合的成型过程中，未来的发展与竞争对手以及俱乐部所在联赛运营情况都有一定关系，不确定因素也很多。

2. 体育传媒与赛事资源整合

体育就像各个体系、产业的黏合剂，将各个部分关联起来，并且可以变成对外合作的窗口。对苏宁体育来讲，它是一个内部协同关系，对消费者来讲，是一个整合的外部效应。

细数苏宁体育手中的体育资源，不难看出，足球是苏宁体育的主阵地。2017年4月初，苏宁体育被传出将拿下德甲联赛2018—2023年共5个赛季的独家全媒体版权，合作金额超过2.5亿美元。从2015年起，苏宁就已经开始在足球顶级IP资源上发力，在德甲之前，苏宁已经将西甲、英超、中超、亚足联等热门赛事版权收入囊中。

2015年8月，苏宁以2.5亿欧元拿下了2015—2020年共5个赛季西甲联赛中国地区独家全媒体版权；2016年12月，苏宁以7.21亿美元获得了2019—2022年共3个赛季英超联赛中国内地及澳门地区独家全媒体版权；2017年3月，苏宁以13.5亿元拿下2017赛季中超联赛新媒体的全场次独家版权；此后，苏宁通过体奥动力，从乐视体育手中接下了2017—2020年亚足联旗下所有赛事（亚冠、世预赛等）在中国的全媒体转播权和信号制作权，这笔合约约合每年1.7亿元。

除了足球这条主线，苏宁体育还选择了一些特色内容作为补充，如WWE和UFC这些格斗类的小众特色IP。此外，在俱乐部资源方面，苏宁也早有布局，旗下拥有两支职业足球俱乐部：江苏苏宁足球俱乐部和国际米兰。

复习思考题

1. 简述广告的内涵及其在体育传媒产业中的地位。
2. 简述体育传媒广告经营的要素。
3. 举例说明体育传媒产业广告经营的问题。
4. 举例说明体育传媒品牌的经营战略。
5. 简述体育传媒融资的主要方式并进行利弊分析。

参考文献

1. [美] 艾伦·B. 阿尔巴朗. 电子媒介经营管理 [M]. 2版. 谢新洲译, 北京：北京大学出版社, 2005.

2. [美] 罗伯特·皮卡特. 传媒管理学导论 [M]. 韩骏伟, 常永新等译, 北京：人民邮电出版社, 2006.

3. 谭云明. 传媒经营管理新论 [M]. 北京：北京大学出版社, 2007.

4. 曾静平. 商业体育活动论 [M]. 西安：陕西师范大学出版社, 2016.

5. 肖叶飞. 传媒经营与管理 [M]. 合肥：中国科学技术大学出版社, 2016.

6. 曹可强, 席玉宝. 体育产业经营管理 [M]. 北京：高等教育出版社, 2017.

7. 张德胜. 媒体体育与体育媒体 [M]. 武汉：华中科技大学出版社, 2015.

8. 喻国明, 丁汉青, 支庭荣等. 传媒经济学教程 [M]. 北京：中国人民大学出版社, 2017.

第五章 体育传媒产业的技术发展与消费群体

物质生产力的一种表现形式是技术,其对体育传媒产业发展具有强大的推动力。技术的变革推动了社会的变革和社会关系的调整,互联网技术在现代体育传媒的产生与发展中起到了至关重要的作用。

本章以体育传媒产业的外部资源作为研究对象,通过理论研究,深入探讨在新闻生产与传媒平台构建中设备发展与技术发挥的重要作用,同时深度分析技术发展的不足之处,对体育传媒产业发展具有一定的现实意义。本章主要将体育传媒产业外部资源研究分为三个部分:体育传媒产业与技术发展、体育传媒产业与设备发展、体育传媒产业与消费者,着眼于媒介技术的研究,结合国内外体育传媒实例,分析技术发展对体育传媒产业与体育消费者产生的影响。

第一节 体育传媒产业与技术发展

一、从"数字化"到"数据化"

近年来,以移动互联、物联网、大数据为代表的新技术的应用,加速了传媒产业的发展。这一时期,"数据"成为传媒产业的生产要素和运作依据,数据分析和运用能力逐渐演变为传媒产业生产力的基础。

大数据技术平台是硬件、软件、数据、云存储和平台服务的组合。大数据与算法是大数据资源平台建构的本质。大数据资源平台的基础是在保证用户流量,利用大数据挖掘和分析技术,针对用户行为开展长期的系统跟踪与分析,进一步掌握用户的行为偏好,为用户打造个性化"档案"。目的是为了打造信息服务的大数据资源,建立起内容产品与用户之间的"直通车"式的数据通路,实现信息与受众的精准定向匹配。[1]大数据技术平台的打造主要体现在以下几方面:

(一)媒体层面

第一,大数据新闻制作流程彻底转变。大数据新闻与以往精确的新闻报道、计算机辅助新闻、数据驱动新闻不同,其流程发生了根本性的变化,主要体现在数据收集的方法、范围和分析处理以及呈现方式上。大数据新闻主要在于通过对多维、多层次数据的深度挖掘和关联性分析,发现隐藏在数据背后的规律和各种可能的关系。新闻报道过去主要根据假设、经验和理论探索未知领域的价值,选取其特定的专题和内容。如今为了确保新闻的真实性和客观性,进一步进行局部数据的调查和分析并对事实进行核实。然而,大数据新闻强调以大数据的驱动发现新的有价值的新闻故事和线索,摆脱了以往服务工具的角色,通过数据的可视化呈现,将报道主题转移到数据,以文字作为补充,并且能够作出预判性推断。与此同时,不同受众可根据其需求实现报道内容的个性化推荐和定制。

---

[1] 喻国明,兰美娜,李玮. 智能化:未来传播模式创新的核心逻辑——兼论"人工智能+媒体"的基本运作范式 [J]. 新闻与写作, 2017 (3): 41-45.

一种新的体育报道模式以大数据新闻的形式被开创。例如，在2014年巴西世界杯赛期间，通过大数据分析，腾讯的编辑观察到运动员体能和隐形因素高温气候之间的关联。运动员体能受到高温气候的影响，跑动距离因此发生变化，结果显示决赛进球数远不及小组赛的数量，科学报道和解释这一现象极大地引起了受众的关注，是一个成功大数据新闻的典范。解说员和记者拥有准确的实时信息和翔实的历史数据，可以大幅度增加媒体播报速度与质量。2014年巴西世界杯赛搜狐运用大数据分析技术，通过邀请流量大、影响力广泛的自媒体人加盟其报道团队，从而提高传播的影响力。那些拥有并利用该技术为业务决策以及为受众提供相关信息的媒体，将在未来赢得更多的竞争优势。①

第二，传媒产业实现自我颠覆。新闻媒体从过去的单一采编独立成为一个部门，主要关注单一内容的生产模式，记者编辑参与到内容推广的流程中，不断加强产品、设计、技术与市场部门之间的合作。简言之，就是要把各部门进行融合，让数据团队入驻新闻编辑部。2012年首届国际数据新闻奖获奖作品的运行过程显示，团队规模和采访力量不再是新闻数据比拼的重点，新闻敏感性、数据挖掘与分析能力以及可视化呈现能力成为判断记者素养的重要标准。

大数据新闻生产模式的转变决定了头脑风暴和奇思妙想的重要性，模糊了部门与部门之间的界限。《芝加哥论坛报》实行改革的措施是建立芝加哥当地特定群体永久性网络资源，通过将数据团队人员加入新闻编辑部，使数据团队人员和编辑部直接沟通报道任务，同时协助记者报道和调查事件。澳大利亚全国广播公司（ABC）实现从传统新闻编辑团队向数据新闻编辑团队的转变，组建了包括网页开发及设计人员、数据挖掘人员、数据采集分析人员、图形可视化技术人员等7类人在内的数据新闻团队。②

跨界合作，不断深入与社会化媒体、移动互联网结合紧密。如"据说春运"就是百度和中央广播电视总台联合打造的大数据新闻报道的典范，中央广播电视总台负责选定专题和制作新闻，百度负责采集和挖掘数据。这是一次利好双方的尝试，之后的"据说两会""据说就业"等再次说明了该类跨

---

① 付晓静，张晓斌. 大数据时代的体育新闻报道——以巴西世界杯报道中的可视化数据新闻为例 [J]. 青年记者，2015（9）：46-47.

② 喻国明. 大数据对于新闻业态重构的革命性改变 [J]. 新闻与写作，2014（10）.

（二）传媒与受众层面

单向分析受众话语是以往媒体的行为方式，现今媒体机构需要第一时间掌握受众行为及心理、社会关系和心理诉求等。大数据构建内容产品推送的个性化数据通路，让新闻产品更"懂你"。通过技术手段的不断完善，增强数据存储、汇总和深层分析能力，实现智能化平台服务，将特定场景下最优化的需求供给模式提供给用户——即搭建起一个有效并且体现个性化连接的数据通路。大数据工具可以分析受众在网络媒体上的表达模式与实时动态，把握其情感变化走向，并对公众舆论进行评估，帮助新媒体平台更加全面、准确地了解受众的信息喜好、传播趋势和内容认知，从而展开精准传播，使用户获得个性化的消费体验。①

媒体通过分析社交网络平台上各种公开信息及数据，实现"传者中心"向"用户中心"的转变。媒体抓取和分析受众的各种特征，包括性别、地域、类型、个性等数据，并通过编辑处理最终得以呈现。例如腾讯在2014年巴西世界杯比赛前依靠 Mind Lab 历史数据挖掘及报道经验，整合以往海量的用户数据，全面进行有关报道的数据分析，有助于报道团队对于内容和栏目以及报道重点作出科学的决策。"今日头条"APP 客户端基于用户兴趣图谱分析的个性化阅读推荐，大数据挖掘技术是"今日头条"的技术基础，即通过"冷启动"，对用户微博账号的分析建立一个"兴趣图谱"，"兴趣图谱"是根据用户在微博上发布的内容及其所属类别、用户自标签、社交关系与行为、参与的群组以及使用时间等数据源来判断出用户主要的兴趣点。随后系统后台做出分析，建立初始的用户兴趣 DNA 数据，并根据这些兴趣的权重来推荐。②

（三）大数据技术的问题与不足

（1）与国外相比差距悬殊。国外对于大数据在体育媒体传播中已成熟运用，相比之下，国内媒体近几年才开始在大型体育比赛中引入大数据的传播模式，且大数据技术运用不够成熟。新浪和腾讯于2014年巴西世界杯赛期间，对体育新闻报道进行了建立于大数据分析基础模式上的初步摸索，引起

---

① 王相飞，张巧玲. 大数据背景下大型体育赛事新媒体的传播研究[J]. 武汉体育学院学报，2015（11）：24-29.

② 孟薇. 浅析大数据时代传媒业的四大变革[J]. 新闻研究导刊，2017（9）.

了整个业界的普遍关注。大数据技术在国内媒体的运用不够普及，主要原因是国际仅有的几家大型公司垄断了数据分析设备和服务，导致费用高昂。以 Sport VU 技术为例，其平台的安装成本最高可达 100 000 美元。在数据分析和处理方面，数据收集工具的量级远远达不到大数据分析的基本规格，且在种类和来源上也不能满足对于异源和非结构性数据的收集。在数据新闻生产的过程中呈现的可视化技术和呈现方式还有待提高与改进，目前搜集数据不能够很好地和转播技术相结合，社交性和互动性不够强，数据新闻的分发还难以做到差异化和精准化。

（2）隐私保护问题尚未解决。由于数据收集很容易突破地域和国籍的限制，不可避免需要考虑不同国家关于大数据保护的问题。如何在遵循有关规定和条约的前提下，最大化收集到数据的价值是需要处理的问题。由于在大数据的使用过程中不再拘泥于群体特征，而更多追求个体性轨迹和行为模式的分析，往往会涉及公民的隐私权，比如基于地图定位服务系统对球迷的地域分析，就很有可能对球迷信息隐私权边界产生僭越的威胁。针对数据保护问题，许多国家制定了相应的法律法规，比如，2003 年欧盟的 25 个成员国按照 1995 制订的《欧盟个人数据保护指令》全部完成对其国内法的修改或调整，包括制定了《德国联邦数据保护法》《数据保护法 1998》等，对数据实行特别权利的保护。目前，我国在数据保护相关的立法领域还是空白。在收集大型体育赛事的受众数据时，还没有对受众的隐私引起足够的重视，受众也缺乏对自身隐私权保护的意识。目前，各种社交工具及应用不断普及，如何在使用社交工具的同时实现自我隐私权的保护显得至关重要。

二、人工智能技术

（一）传感器技术

传感器（sensor）是一种监测装置，能感受到被监测对象的信息，并能将其按一定规律变换成电信号或其他形式予以输出，从本质上讲是一种收集数据信息的方式。传感器在获取数据信息方面"有助于让我们调查无法看到、听到或触摸的事物，这些工具为我们提供了新的感官"。[1] 当前传感器几乎随处可见——智能手机、刷卡器、电子芯片、条形码读码器、可穿戴设备、

---

[1] 许向东. 数据新闻中传感器的应用 [J]. 新闻与写作，2015（12）：70-72.

GPS、无人机、遥感卫星都属于传感器的范畴。

在时间维度上，传感器获取的信息不仅仅能够描述现在，还可预测未来，因为传感器检测到的数据是不断变化的，它可以体现被监测对象的动态和趋势，而这一特征是传统媒体无法通过传统的信息采集渠道获取的。2013年，《太阳哨兵报》依靠公共设施中获取的传感数据，通过精确的量化方式证实了警察超速的事实，《超速警察》的新闻报道赢得了普利策公共服务报道奖。同年11月初在《华盛顿邮报》上用专题、视频、图片及互动图表的形式刊发了《枪声监测》一文。报道长达3500字，向受众展示了"枪声监测"技术的发展历程，并通过实例来解释"枪声监测"系统已经成为警方调查案件的重要工具。借助传感数据来描述现象、展示事实，体现了新闻性和说服力，同时增强了报道的趣味性。

在空间维度上，传感器获取的信息不局限于某一地区或国家，其外延可以扩展至更为宏观的范围，以更广阔的视角洞察整个事件。例如，近年来兴起的无人机，在机上搭载各式各样的传感设备，收集丰富的图像、视频以及影像，在突发事件直播、灾难性报道等新闻中发挥着越来越重要的作用。2014年中央广播电视总台利用用户安装在手机上的百度地图和其他使用率较高的定位APP收集大众的位置数据，做出了《据说春运》系列报道，描述了2亿部智能手机持有者迁徙路线所构成的春运宏大图景。

（二）传感器技术的问题与局限

传感器具有传统信息获取方式无可比拟的优势，即信息挖掘的深度和广度更深、信息和数据的准确性更高。随着社会文明的进步，人们对个人隐私权的保护越来越关注。新闻从业者在使用传感器采集信息的同时，也存在一系列法律、伦理问题。大量的传感器被安装在公共场所以及网络场所，公民的信息在不知不觉中被采集。这些信息一旦被媒体公布，公民的隐私权就将受到损害。同时新闻媒体需要考虑数据收集过程中可能会遇到的一些有关法律和公众安全等问题。

（三）智能机器人

人工智能技术在传媒领域的应用是现象级不可逆转的发展趋势。在很大程度上，传媒业未来的发展与人工智能技术的引入紧密关联，重塑了整个传媒业的业态面貌。欧美一些媒体在人工智能技术的应用和实践上动作频频且颇有成效，呈现出蓬勃发展的态势。2013年以来，美联社、《华盛顿邮报》

与 Automated Insight(AI)公司联合使用 Wordsmith 尝试财经报道,推特使用机器人(Twitter Robots)撰写推送,纽约时报机器人"Blossom"对社交媒体上的讨论情况进行数据监控和分析,实时实现文章和图片的报道。2015 年下半年,Facebook、Snap chat 等也陆续推出类似新闻增值服务,可以预测机器人记者编辑及自动化新闻的发展空间将会越来越大。"自动化"程度不断加深,为传媒产业量身定制的专业化智能机器人将越来越多被应用于信息采集、新闻编辑制作、内容推送等各个环节。①

信息采集环节。智能化机器人拓宽了信息来源的途径,扩增了信息采集的维度。机器人挖掘的数据体量大、效率高,数据类型多样化,除了文字数据,还有视频、图片、音频乃至地理位置等。数据新闻扩大了新闻内容的覆盖范围,突破时空限制,实现了对职业记者的解放,弥补了人类的局限。

编辑制作环节。智能机器人写作极大提升了新闻生产的数量,加快了新闻生产速度,消灭了人为的技术差错,减少了写作成本。同时,智能机器人的出现对职业记者的语言能力、叙事能力、分析能力提出挑战。传统的标准化分析和缺乏特色格式化的叙事模式面临淘汰的命运。更值得我们关注的是自动化的新闻对记者行业造成的冲击,或许会在某种程度上导致相关从业人员缩减。

内容推送环节。人工智能通过优化整合各层次的新闻信息,构建个性化用户服务,增强用户黏性。智能机器人不仅能够大幅提高传媒产业的生产效率,而且将人们从简单、重复的基础性劳动和危险性高的环境中解脱出来,从而将更多的时间和精力投放到内容创意、深度调查等传媒业的核心价值生产环节中。②这也就代表着传媒业专业化分工模式面临改革。

(四)智能机器人的问题与局限

(1)智能机器人只根据已经存在的数据信息和内容选取主题,撰写报道。然而,一些事件由于其观念的隐晦性,并不被大多数人记录下来,或者由于种种原因,一些事件和观点被屏蔽在已有的信息平台之外。③(2)由于算法智能筛选关键词捕捉出"大量"的、"显著"的主题,那些可能很重要

---

① 殷乐. 智能技术与媒体进化:国外相关实践探索与思考[J]. 新闻与写作,2016(2).
② 王润珏. "互联网+时代"的传媒产业:转型指向与技术陷阱[J]. 现代传播(中国传媒大学学报),2016(12):161-162.
③ 叶韦明. 机器人新闻:变革历程与社会影响[J]. 中国出版,2016(10):16-20.

但却并没有受到大部分关注的主题易被忽略，导致选题空间不断变窄。

此外，人类的语言通常包含多种情绪和态度，一些对人类而言没有理解难度的语言表达对机器人来说很可能是难以克服的难题。例如，人们常常通过谐音、反讽、比喻来表达情感，算法目前还不能完成这些问题的处理。机器人新闻目前主要能胜任天气预报、体育赛事、金融信息及突发事件的简单报道等。受到数据结构与其报道模板的限定，机器人无法完成具有创意性、批判性思维与人情味的报道，而富有洞察力的、有专业素养和社会责任感的职业媒体工作者必须承担起这份责任。

由于机器人新闻生产速度快，成本低廉，从本质上增加了新闻的数量，给人们寻找相关新闻热点造成负担。同时，我们能否完全信任算法成为提供监督和平衡的机制，算法在什么程度上可以承担"把关人"的角色是未来考虑的重要问题。

三、VR/AR/MR 技术

虚拟现实（VR）、增强现实（AR）、混合现实（MR）作为递进性概念实则围绕的都是同一个核心，也即以虚拟的方式再现事实，以游戏的方式参与其中，最终实现虚拟交互叙事，其本质是对融合状态的把握，对场景和认知的再造。①

过去，新闻记者与编辑通过文字、图片、音频与视频形式为体育受众搭建起新闻事实甚至客观环境。而基于虚拟现实技术、增强现实技术与混合现实技术的不断发展，媒体不断做出新尝试，对新闻进行 360°全方位的采集与录制，打造现场感，实现现实场景与虚拟场景的融合。受众不再是传统意义上的接受者，而是直接置身于体育新闻环境的"现实"中，从而满足体育受众对体育新闻事实全方位认知与把握的需求。

2015 年起，国外传统媒体纷纷开始虚拟现实的探索：《纽约时报》宣布推出新闻 VR 应用"NYTYR"，美国广播公司（ABC）新闻部推出全新服务"ABC News VR"。社交媒体更是抓住了这次良机，2015 年 3 月，Facebook 宣布"新闻流"以及 Oculus 设备都将支持 360°全景体验。Youtube 也开始尝试支持 3D 虚拟现实视频。

---

① 殷乐. 智能技术与媒体进化：国外相关实践探索与思考[J]. 新闻与写作，2016（2）.

第一节 体育传媒产业与技术发展

里约奥运会期间，虚拟现实（VR）技术第一次应用于奥运会报道。2016年2月，Facebook公司研发社交虚拟现实技术（Social VR），以虚拟新闻发布会的形式出现在2016年的里约奥运会上，双人无舵单桨赛艇金牌获得者海伦·格洛夫参加了会议，屏幕前的观众通过视频媒介，仿佛亲历新闻发布会现场。盖蒂图片社作为奥运会官方指定的图片社，于2016年6月创建了专门的虚拟现实板块，里约奥运会期间持续为观众提供照片和视频。盖蒂图片社副总裁肯·麦那迪斯指出，"我们的挑战是利用虚拟现实技术捕捉观众在电视屏幕上看不到的画面"。

2016年6月底，美国国家广播公司奥运频道与三星公司达成合作，计划在里约奥运会期间为观众提供虚拟现实节目。受众只要拥有一部下载了国家广播公司体育应用程序的三星智能手机和一部三星Gear虚拟现实头盔，就能实现虚拟现实节目的观看。这些虚拟现实节目包括：奥运会开幕式和闭幕式、田径比赛、篮球比赛、体操以及精彩节目集锦等。[1]

在我国，虚拟现实技术的使用还处于起步阶段。2016年5月，中国网新闻中心开创了首个"虚拟现实"新闻实验室。中国网虚拟现实新闻频道对新闻报道形式了进行视觉上的打磨和深加工，采用VR技术，把新闻报道形式推向一个创新的新层面，使用户获得全新的感官体验。"两会"期间，以新华社、《光明日报》《经济日报》为代表的多家国内媒体，开始采用VR设备对"两会"进行全景式报道。此外，新浪网推出VR全景式图片报道《人民大会堂全景巡游》，网民只需打开手机便可实现对人民大会堂内各个方位的场景体验。

2017年，猫眼视觉联合《法制晚报》、"虫洞VR"共同打造的头盔VR直播"小红帽"猫镜（Cat 360），推出VR看"两会"的直播/录播服务，让观众零距离体验这种崭新的报道形式。

虚拟现实技术使第一人称叙事成为可能，用户不仅是观众，还是现场目击者、事件参与者。用户真实地感受场景中画面与声音，并通过交互动画实现场景转移与新闻事件的发展和递进，受众主动性被加强，实现与新闻当事人之间的"共情与共振"。

---

[1] 张建中. 里约奥运会期间国外媒体的VR探索[J]. 青年记者，2017（1）.

第二节 体育传媒产业的受众

一、体育传媒受众含义及影响因素

（一）体育受众的含义

体育消费者是指体育新闻、体育赛事等体育相关信息的接受者，就大众传播而言，体育受众主要是指报纸、书籍和杂志等体育信息的读者、广播体育新闻及赛事转播的听众、电视和电影体育新闻及体育赛事转播的观众、网络及新媒体的体育信息接收者等。[1]

（二）影响体育受众形成的因素

体育受众的形成是一个复杂的过程，受到社会、媒体、个人三个方面因素的影响。社会的进步促进了体育事业的发展，为体育受众的形成奠定了基础；大众媒介的快速发展为体育受众的形成和壮大提供了条件；个人对体育享受和观赏体育需求的满足，是体育受众形成的内在动因。

1. 社会因素

社会因素是体育受众形成的基础，包括政治因素、经济因素和文化因素。政治因素包括体育政策法规的制定、体育组织的建立和大型体育赛事的周期开展等。国际社会和各国政府为了发展体育事业先后制定了相应的体育政策，如国际奥委会颁布的《奥林匹克运动宪章》、1978年联合国教科文组织颁布的《国际体育宪章》、1991年颁布的《新欧洲体育宪章》等国际体育政策法规旨在全球范围传播和发展体育事业。[2]我国于1995年颁布的《中华人民共和国体育法》和《全民健身计划纲要》、2002年颁布的《奥林匹克标志保护条例》、2005年颁布的《反兴奋剂条例》等，为体育发展提供了法律保障。体育赛事的国际化、组织化和制度化依赖于国际体育组织及各国体育组织的支持。体育的可持续发展和体育受众的形成同样依赖于国际及各国体育组织的建立。

---

[1] 董杨华. 微博对于体育新闻传播的影响[J]. 青年记者，2012（8）.
[2] 肖焕禹. 体育传播学[M]. 北京：人民体育出版社，2011：281.

体育的发展有赖于经济的支持，竞技体育的发展、运动员的培育和大型体育赛事的举办无一不需要雄厚经济实力的支撑。我国体育产业发展虽然起步晚，但近年来发展规模不断扩大，产业质量明显提高，产业效益有所改善。在社会主义市场经济发展中已经构成了一个独具特色的产业门类。2014年，国务院颁布《关于加快发展体育产业促进体育消费的若干意见》。2016年国家体育总局发布《体育发展"十三五"规划》，我国的体育产业正在加速与其他产业的融合，发展势头良好。良好的经济发展有利于大众传媒的发展，传播媒介在体育形成之初通过赛事报道为体育产业发展提供了原始资本积累。①受众通过传播媒介获取体育信息，在一定程度上提升了体育对受众的吸引力，从而提升受众在体育消费领域的积极性。

文化对体育受众的影响主要来自特定的体育文化环境，来自各种形式的体育文化活动和各项体育赛事。体育文化是人类生存的一种方式，是文化生活的组成部分和文明社会的显著标志。②

2. 媒介因素

大众媒介是体育受众形成的加速器，有了大众媒介的体育传播才有了体育受众。大众媒介通过供给和营销体育信息来满足受众对体育信息的需求。大众媒介的主要形式包括纸质媒介、电子媒介和网络、手机等新媒体，这些媒介在不同层面上传播着体育信息。在当今这个信息化社会，新媒体的兴起在很大程度上决定了体育受众的形成。

数字化、网络化的媒介属性丰富了受众选择信息的渠道。前者打破了原有的媒介壁垒，即同样一条体育信息可以在各种媒体间传播，实现一材多用且媒体与媒体之间可形成良性互动，加强相互的粘性与依赖性。传统媒体对于渠道的垄断已经成为过去，各种信息跨介质传播，为体育受众提供丰富的体育信息内容和便捷的信息获取渠道。由此，文字、图片都是体育受众发布和接受信息的方式，同时还可以通过即拍视频、语音等更新颖、便捷的方式传递信息。

多媒体融合的属性使得体育受众的信息消费选择趋向个性化。新媒体出现并没有迅速淘汰传统媒体，传统媒体也并没有因为受到新媒体的冲击就停滞不前。各个体育媒体既不孤立也不相互排斥，而是主动寻求更新的融合与

---

① 莫菲. 大众传播媒介与体育产业的行业互动 [D]. 吉林：吉林大学，2005：12-16.
② 任莲香. 体育文化论纲 [J]. 体育文化导刊，2003（3）：30.

发展，打造全新的信息传播模式和传播渠道，如体育报纸、体育广播、体育电视等传统媒体开启了与网络体育报纸杂志、网络体育广播、网络体育电视等新型传播形态的融合。①不同媒介形式在互动和碰撞中协同发展，新媒体成为了传统媒体的信息库，多维度信息咨询与资源为传统媒体提供灵感。2008年网易与美联社、法新社、路透社达成奥运合作协议，组成了一个由报纸、电视、广播组成的"跨媒体联盟"，广大体育受众因此获得多层次、多维度的奥运信息。②同时，受众可依据自我偏好进行个性化消费，选择自己感兴趣的体育领域的APP，例如下载篮球足球"直播吧"、体育"今日头条"等APP到自己的移动终端，又或在一些特定的APP中勾选篮球、足球、网球、赛车、搏击、高尔夫、电竞等不同赛事为"我的关注"。

3. 个人因素

马斯洛需求层次理论认为人的需求分为5个层次，即生理需求、安全需求、归属与爱的需求、尊重的需求和自我价值实现的需求。当一个人生理需要得到满足的时候，便进一步对精神上的满足产生需求，包括休闲娱乐，体育运动观赏体育赛事等。当人们内在的需求与外在的媒介体育传播环境相一致时便产生了体育受众的可能。一般而言，一个人的基本情况（性别、年龄、文化程度、婚姻状况）、社会背景（经济状况、社会地位、闲暇时间等）和社会环境（包括居住、工作、生活环境）会影响其对体育的认知以及观赏体育活动的动机、期望和爱好，并进而影响其选择观赏体育赛事的方式。同时，在观赏体育赛事的过程中，个人的主观感受和体验对其个人的身心易产生正面、负面或种种其他影响，这些影响会对其整体生活满意度、体育赛事观赏满意度产生影响。体育赛事观赏者对体育赛事的满意度会影响其对体育赛事的认识，从而影响其参与体育赛事的动机、期望与兴趣爱好，支配其体育赛事的观赏行为。

二、体育传媒受众现状

（一）体育人口规模与主体特征

我国对于体育人口的概念和标准并不统一。根据《全民健身计划

---

① 胡梦觉，吴月红. 对新媒体语境下体育受众角色重构的理性认识[J]. 安徽工程大学学报，2016.

② 董青，洪艳，董海宇. 媒介融合背景下体育新闻传播的特征与趋势[J]. 武汉体育学院学报，2011, 45(3): 19-21.

(2011—2015)》实施效果评估报告,截至2014年年底,我国"经常参加锻炼人"的人数比例达33.9%,目前体育行业内多以该数据表征我国体育人口数量。各大体育项目不同程度地吸引着各类运动的赛事观众和爱好者,除了上述群体以外,体育人口还包括热爱观看竞技体育,但不一定直接参与的人群。根据艾瑞咨询《2017年中国互联网体育服务行业研究报告》,中国互联网传媒体育人口已超过3.5亿人。事实上,这两类人群之间的分隔并不绝对。

中央广播电视总台—索福瑞媒介研究(简称CSM)2012年春季"中国十九大城市体育与体育赞助调查"显示,体育传媒受众的市场规模受到人口结构、体育设施、体育项目、体育服务等体育环境的影响,且与受众年龄、性别、职业、文化程度等特征密切相关。成年男性和高学历、高收入群体构成了媒体体育的消费主体。

1. 从性别和年龄方面看,成年男性是媒体体育的消费主体

根据CSM的调查,2007年中国女性受众收看体育节目的总时长为1 475分钟,男性受众收看体育节目的总时长为3 025分钟,后者是前者的2倍多,这种差距在2012年的调查中依然保持。在体育电视受众的年龄特征上,15~24岁年龄段受众最偏好的节目类型是体育类节目,其收视率明显高于电视剧类节目。

2. 从学历、收入和职业方面看,高学历、高收入者、学生成为核心消费群

CSM2012春季"中国19个大城市体育与体育赞助调查"结果显示(表5-1、表5-2):

表5-1 不同受教育程度人群互联网体育信息接触频次分布

单位:%

受教育程度	从不	每年一次	每月一次	每周一次	每天
高等教育水平	26.3	6.3	10.9	27.1	29.3
中等教育水平	50.8	7.9	8.6	21.1	11.6
低等教育水平	71.6	5.7	6	13.6	3.1

资料来源:中国广视索福瑞媒介研究(CSM)

表 5-2 不同收入人群互联网体育信息接触频次分布

单位：%

家庭平均月收入(元)	从不	每年一次	每月一次	每周一次	每天
>9 000	33.8	6.5	9.2	22.6	26.6
4 500—9 000	49.8	7.3	9.7	22.1	11
<4 500	60.6	6.9	7.7	15.1	9.7

资料来源：中国广视索福瑞媒介研究(CSM)

3. 从地域特征角度，地区的经济、文化水平影响受众对体育节目的兴趣与收看情况

一般来讲，经济发达地区如北京、上海、广州等地的受众比其他地区的受众更渴望了解体育方面的相关信息。

（二）体育传媒受众对主要项目的认知

根据艾瑞咨询发布的《2016年中国互联网体育用户洞察报告》显示，我国网民2016年观看的主要赛事涉及篮球和足球以及奥运会传统优势项目如羽毛球、乒乓球、游泳等。冰雪赛事由于其艺术观赏型发展势头良好，电竞赛事近几年快速上升为热门赛事，具有较好的群众基础(表5-3、表5-4)。

表 5-3 2016 年经常观看的体育赛事

项目	合计/%	项目	合计/%
篮球	68	赛车	34
足球	68	排球	32
羽毛球	46	田径	28
乒乓球	44	电竞	24
游泳	38	拳击	24
台球	37	冰雪项目	17
网球	37	高尔夫	16

表 5-4 2016 年受众经常参与运动项目前 8 名

单位：%

项目	合计/%	项目	合计/%
跑步	56	骑行	35
篮球	44	游泳	34
羽毛球	42	徒步、登山	30
乒乓球	36	台球	24

篮球和足球作为成熟赛事,群众基础良好,用户重叠率高,大多数用户既是篮球迷又是足球迷,且多为 10 年以上老用户。因 2010 年和 2014 年冬奥会及近几年滑雪运动的流行,冰雪成为新兴运动,开始进入用户培育期,但赛事渗透率依旧较低(图 5-1)。

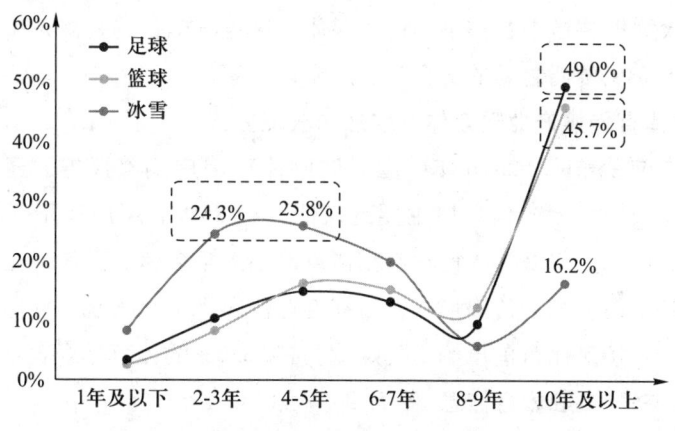

图 5-1　2016 年用户的篮球/足球/冰雪观赛年限

三、体育传媒产业受众的行为特征

(一)体育传媒产业受众观看赛事直播的方式

体育传播媒体形式不断丰富,但是电视的优势仍然不减,依旧是我国体育受众的主要观看渠道。电视具有清晰流畅大屏、较高的参与感与互动性。据 CSM《中国体育市场晴雨表》的研究数据表明,2015 年我国电视观众全年体育节目人均收视时长为 1 529 分钟,相比同样缺少体育大赛支撑的 2013 年增长了 123 分钟,涨幅为 8.7%(图 5-2)。

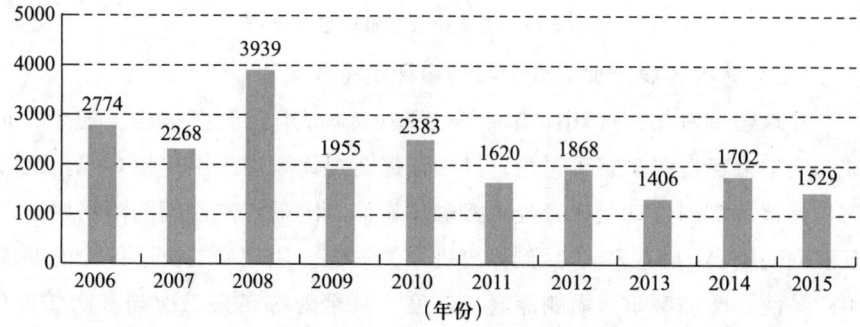

图 5-2　2006—2015 年我国体育节目人均收视总分钟数(历年所有调查城市)

在选择体育直播赛事观看时，电视表现出明显优势，近80%的中国体育迷倾向将电视作为第一选择，仅有20%的受众倾向于将PC端或移动端收看作为第一选择。对此CSM体育与媒介研究副总监于松涛女士表示："在中国通过互联网收看体育视频、查找体育信息的潮流趋势日益明显，但未来几年，电视大屏仍将是观看赛事的首选媒体，这也与电视的高渗透率、体育文化与电视大众化传播之间的契合等有着密切关系。"

（二）体育传媒产业受众体育信息的获取方式

艾瑞咨询发布的《2016年中国互联网体育用户洞察报告》显示：新媒体是体育受众接触体育信息最主要的媒体，近85%的用户表示通过新媒体接触体育信息。门户网站体育频道和体育网站因平台体量大信息全面，包括视频图文等丰富多样的传播形式，占据绝对传媒优势。电视、广播、书刊仍然是体育受众接触体育信息的重要媒体，有38.3%的体育受众表示会通过电视、广播、书刊接触体育信息（图5-3）。

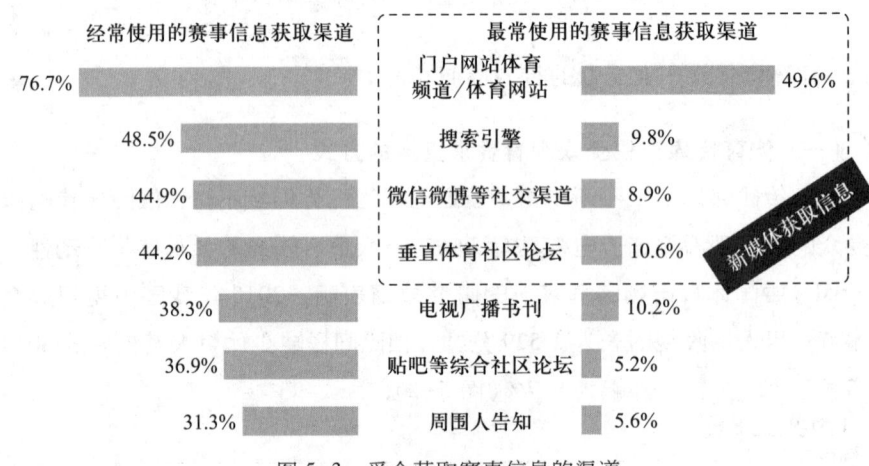

图5-3 受众获取赛事信息的渠道

（三）体育传媒产业受众参与赛事评论主要渠道

艾瑞咨询发布的《2016年中国互联网体育用户洞察报告》显示：近9成的用户会自发参与赛事讨论，其中选择新媒体渠道的用户超6成。微博微信与弹幕等实时互动是体育受众接触体育信息时最经常使用的网络渠道，占互联网使用者的57.7%，受到体育受众的欢迎。用户参与赛事评论能够加强用户黏性，增加赛事传播的深度与广度，甚至能够带来二次与多次传播（图5-4）。

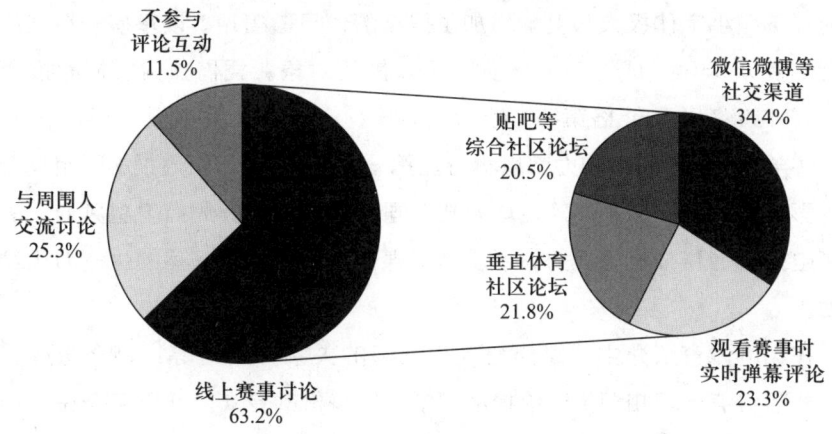

图 5-4 2016 年用户赛事评论互动参与情况

四、体育受众的分化与媒介选择

根据卡茨提出的"使用与满足"理论,受众即是有特定"需求"的个人,他们基于特定的需求动机接触媒介,目的是使自己的特定需求得到"满足"。由于体育受众的需求不尽相同,决定了体育受众对体育传播媒介及体育传播媒介内容的选择也大不相同,从而产生了受众分化。

从体育受众的特性角度看,一方面体育受众个人特征不尽相同,另一方面其生活的环境也不同,形成了各不相同的观点、态度与信仰,分化了体育受众群体。从科技角度看,媒介传播技术不断发展,体育传播媒介形式越来越多样,人们必然会根据自身的兴趣爱好选择相应的媒介,导致体育受众的进一步分化。

(一)印刷体育媒介——受众集中化和精英化

现如今,媒介数字化和电子化趋势不断凸显,传统纸质印刷媒介面临停刊和倒闭的风险,如何能够跟上时代的步伐,发展具有市场竞争特色的内容与形式至关重要。以 2002 年创刊的《21 世纪体育》为例,创办之初高举打造"中国最犀利体育报纸"的旗号,开创"多元化"的道路。然而,由于自身定位不准确,没有形成初具规模的受众群体,几个月时间被《四川日报》报业集团紧急叫停,历时仅仅 208 天。目前,国内纸质体育媒介具有一定影响力的有《体坛周报》《中国体育报》《足球》《南方体育》《篮球》等,在这些纸质体育媒介中发行量最大的是《体坛周报》,《体坛周报》在固定版面的前提下缩小字体极大限度地增加了报纸的信息覆盖量。该举措一经实施，就得到受众认可，成为各大纸质媒体效仿的对象。凭借独树一帜的报道策略、人才策略以及价格策略，《体坛周报》从一份机关小报发展成行业的"领头羊"，规模和影响力都堪称行业第一。此外，《体坛周报》利用其行业内的影响力，进一步发展《足球周刊》同样大获成功。凭借卫星频道、图片库和电分机等科技资源优势，纸质体育媒介仍然保持着旺盛的生命力和发展潜力。

在印刷体育媒介中，媒介与受众之间的关系并不对等，媒介扮演"老师"角色将信息和知识传递给扮演"学生"身份的受众。纸质媒介在运作过程中受到体育项目的限制，为了迎合受众需求，出现了项目呈现不均衡的现象。比如《体坛周报》有关足球的报道比例远远超过了篮球和围棋报道的总和，且足球的新闻占据了头条报道总数的90%以上，这在一定程度上反映了受众对于足球新闻和信息的需求以及庞大的足球受众群。

在商品经济社会环境中，受众不再是单纯的信息接收者，还扮演着消费者的角色。纸质媒体具有专业、价格相对高昂且需要较长阅读时间的特点，这也决定了其受众群体主要由体育专业人士、收入较高以及具有较高学历的中青年群体组成。因此，体育纸质传媒的受众群体主要呈现出精英化和内容集中化的倾向。

（二）电子体育媒介——体育消费的拟态狂欢

与纸质印刷媒介相比，广播、电视等电子媒介拥有广泛的受众群，且随着电视的普及、信息传播的便利，广播不再能够留住受众。相比较而言，具备实时转播功能的电视媒体越来越受到广大体育爱好者的青睐，成为观看体育赛事和了解体育新闻的主要渠道。值得一提的是，1936年电视加入体育传播，并度过短暂的磨合期后两者逐步建立了互惠互利的关系。[1]真实的色彩和生动的图像赋予电视丰富的表现形式，电视中所呈现的多变的身体形态让更多人领略了复杂的"身体意象"。[2]电视打通了视觉和听觉的界限，利用"蒙太奇剪辑""神话性链接"等先进的技术，最大限度发掘体育竞技的娱乐性，创造出极具戏剧性和张力的体育娱乐空间。对于电子媒介的出现，

---

[1] 王庆军，杨万友.当前体育电视化的弊端[J].体育学刊，2007（3）：30-32.
[2] 陈月华，王宇石.解码：当代电影中的身体意象[J].电影艺术，2006（5）：86-90.

起初并没有预想到它会带来今天的体育娱乐狂欢。但是随着科技的进步，现代传播媒介将历史事件与当代的社会文化现象紧密联系起来，抓取人们关注的热点，从而实现其商业价值。

由此，电子媒介开启了传播的新时代，电视媒体也实现了与体育赛事的深度合作，借助体育赛事等新闻事件引发受众关注，通过真实的镜头呈现体育赛事并将受众的关注热点扩展至全球范围。同时，体育赛事充分利用电视媒体优势发挥其影响力，实现体育文化的普及。两者结合，真正实现了"地球村"的空间信息传播，电视媒介也最大限度地完成了商业化运作，并以身体和竞技为主题实现了消费时代的"拟态狂欢"。

（三）数字体育媒介——虚拟狂欢与自由表达

数字体育媒介出现后，媒介传播进入了媒介融合的新时代。中国互联网络信息中心发布的第40次《中国互联网络发展状况统计报告》显示，截至2017年6月，中国网民规模达7.51亿人，占全球网民总数的1/5。互联网普及率为54.3%，超过全球平均水平4.6个百分点。从理论角度看，这些都是体育媒体的潜在受众群。体育受众在媒介融合的影响下，表现出多元化、个性化与自由化的复杂倾向。

媒介对受众的影响无处不在，受众被完全暴露于媒介环境中，这一时期被称为媒介文化主导的体育传媒时代。受众在媒介文化时代扮演着文化消费者和生产者的双重角色。在互联网时代，以体育为主题的语言符号和表情包层出不穷。例如，微信平台推出的以NBA球星为原型的表情符号系列产生良好的经济收益和传播效果。傅园慧在里约奥运会幽默的采访和"魔性"表情使其一夜之间成了网络红人，微博粉丝几天内暴涨300万人。受众参加人数不断增加与参与热情的持续高涨，使体育娱乐文化的壁垒一步步被打破。高雅文化与低俗文化、大众文化与精英文化都获得了在数字媒介平台展示的机会。[1]但是由于新技术的发展带来各个媒介有关体育赛事与文化传播方式和手段的不同也在一定程度上推动了受众的分化，受众选择更加多元化。同时，不同来源、种类繁多、特征各异的体育信息分散了受众的注意力，这使得培养忠实的受众变得愈发困难。

---

[1] 李宏义，杜俊凯. 媒介形态变迁下的体育传播特征、受众诉求与文化表达[J]. 体育与科学，2016(6): 61-66.

第五章 体育传媒产业的技术发展与消费群体

技术发展是体育传媒发展的引擎,同时也是体育传媒发展的手段。技术不发展会制约产品内容,影响产品可视化效果;搭建技术数据平台,可提升内容产品的价值;技术发展会改善传播关系,进一步增强媒体间互动性。技术与科技的发展无疑为体育传媒产业带来了无限的可能性,在媒介融合的时代主题下,有助于传媒产业探寻未来的发展趋势。与此同时,传媒生态受到新技术的冲击,原有传媒生态平衡被打破,造成媒介公信力不断下滑、新闻自由界限不断模糊、技术享乐主义进一步发酵、消费者权利受损等不良后果。技术发展必然伴随风险,但最大限度控制带来的负面影响是亟待解决的问题,这要求合理、科学、有效地应用这项技术,建立健全的技术安全体系,扩大其对体育传媒产业产生积极影响。

经典案例

融媒体时代的世界杯赛事转播创新

世界杯是全球最具影响力和商业价值的体育赛事,也是转播率、覆盖率最广的体育赛事之一。依靠得天独厚的资源以及一流的专业制作水准,世界杯期间中央广播电视总台为无数球迷奉上了一场场赏心悦目的精彩比赛。同时,借助世界杯这一现象级的世界性赛事,中央广播电视总台收视率也创下历史新高。据中央广播电视总台新闻报道,2018年俄罗斯世界杯开幕式和揭幕战,中国大陆地区共有超过1.28亿观众通过中央广播电视总台体育频道、新闻频道和综合频道收看相关节目。

中央广播电视总台新闻报道称,体育频道和新闻频道并机直播开幕式,总收视率达2.1%,收视增长328%;综合频道和体育频道并机总收视率达2.02%,收视增长712%;通过中央广播电视总台自有新媒体端收看开幕式和揭幕战的用户达8 081万人;CCTV-5客户端单天新增激活用户67.14万人,中央广播电视总台影音移动客户端新增激活用户达到228万人。超高的收视率意味着超高的广告曝光量。中央广播电视总台网的数据显示,CCTV新媒体移动端CCTV-5与CCTV微视广告总体曝光量超千万次,广告点击量近150万人次,平均点击率达12.8%,广告曝光总量较往日呈10倍增长。

一、世界杯转播全新升级，强力助推品牌效应

原中央电视台体育频道总监助理朱文涛介绍了2018年俄罗斯世界杯赛事转播及节目设计。他感慨地说，2018年俄罗斯世界杯对中国电视观众而言非常有利，有23个比赛日在北京时间的第一黄金时间和第二黄金时间播出，共37场比赛，包括揭幕战和决赛。原中央电视台制定的基本报道原则是以赛事为核心，64场比赛是转播报道的重中之重。多达10路的国际信号，加上中央广播电视总台的单边信号，大量来自现场的信息将构成《我爱世界杯》报道，其中也产生了许多具有个性的商务空间。

2018年的世界杯报道在理念上有两个重点和一个升级。第一个重点，全频道实现"我在现场"，世界杯期间每天早晨8点开始20小时的大直播。第二个重点，制作更多独立、专业、清晰的节目，将把一场比赛的10余路信号拆成更加精细，更加有特色的节目。20小时的直播当中有两张"王牌"，一是以《我爱世界杯》为赛事包装的64场比赛直播，另外一档节目是《豪门盛宴》。另外，还诞生两档新的节目，一档是以前方采访组现场采集为主体内容的《俄罗斯行动》，另一档是以国际足联提供的技战术分析为主要内容的《世界杯看门道》。

一项升级指的是"多空间的组合式报道"，这是个全新的模式。在莫斯科的红场搭建中央广播电视总台的红场演播室，这是原中央电视台世界杯报道历史上第一次在世界杯主办地做自己的现场演播室，是世界杯融媒体节目的一个制作基地，既是世界杯比赛转播的主演播室，也是新闻连线演播室，同时还是《俄罗斯行动》《世界杯看门道》等节目的演播室。

世界杯的价值历久弥新、更有继续突破之势，中央广播电视总台基于"创新、聚焦、整合"的整体设计理念形成2018俄罗斯世界杯核心产品。具体来说，"创新"是基于对世界杯价值的再发现、再认知，一改世界杯广告设计的传统模式，为企业和品牌创造前所未有的营销方式，释放原中央电视台和世界杯的巨大传播价值。"聚焦"是指中央广播电视总台作为最重大的体育赛事顶级传播平台，其品牌传播价值正在形成新环境下的独特优势，真正使企业在众声喧哗中异军突起。"整合"一方面是指全媒体整合传播，通过CCTV观众就可以一键满足所有世界杯的需求，开展立体式品牌传播；另一方面是指整合市场，全媒体版权不再分销。

广告经营管理中心频道部主任刘丽华详细介绍了 2018 年世界杯转播顶级合作伙伴、转播赞助商、FIFA 赞助商专享方案三大核心广告产品以及产品的销售规则、权益回报、购买注意事项等。这三大核心广告产品的特点是"限量增值",主要体现在以下四个方面:一是限制品牌数量,优化广告环境;二是打造品牌权益,增加广告价值;三是中央广播电视总台全面覆盖,提升广告传播;四是自由选择组合,强化广告效果。

二、世界杯直播合作:优酷、咪咕入局中央广播电视总台新媒体直播

今年,优酷、咪咕入局以往中央广播电视总台新媒体独占的世界杯网络转播,那么,三大平台在本届世界杯中如何通过内容创新的方式聚集营销效能,汇聚流量?

尽管 2018 年俄罗斯世界杯已经落幕,但一场不见硝烟的流量之争却还在继续。今年,优酷、咪咕入局以往中央广播电视总台新媒体独占的世界杯网络转播,标志着世界杯观看体验正式进入移动端时代,对互联网用户来说不失为利好消息。在这场抢占绿茵场外移动互联网时代主场的比拼中,三大平台又交出怎样一份答卷?这无疑是整个行业最为关注的焦点问题。

1. 当顶级 IP 碰撞顶级平台,流量回收的最大化已成战局关键

作为全球顶级的体育 IP,世界杯在内容上的头部地位毋庸置疑。在流量方面,世界杯在全球范围内拥有很多粉丝,其非同一般的受众基础本身就意味着无可比拟的巨大流量和关注度。

今年的世界杯相比于往届,无论赛事关注度还是话题热度都明显更高。有数据显示,2018 年世界杯国内的观众收看人数有望突破 10 亿人次,相比 2010 年的 3.29 亿人次与 2014 年的 2.52 亿人次,这一数值呈明显增长态势,俨然已成为一场全民性的狂欢活动。而数据背后所显现的除了俄罗斯和中国时差仅为 5 小时,足以为国内用户提供看球的黄金时间外,更与互联网的普及与发展有着很大的联系。中央广播电视总台新媒体、优酷、咪咕基于世界杯转播权,在核心的赛事内容上突破传统运营思路,从资源和用户需求等多个维度进行组合,构建出一个立体式的世界杯节目矩阵,也在无形中助推了这场"全民狂欢"。

优酷提出了"99种玩法"概念，充分调动淘宝、天猫、支付宝、飞猪等30多个平台，几乎涵盖了用户观看世界杯的24小时全时间段，同时还打造出《这就是世界波》《疯狂夺宝》等自制节目，带给用户360°的体育生态盛宴。

咪咕则主打一支汇集地方名嘴、解说元老、前职业球员在内的"地表最强解说天团"，发力自制节目《点彩成金》和《王冠咪咕馆—球财世界杯》，并围绕世界杯这一经典IP，为观众奉上一场人文与自然的纪录片盛宴。

而拥有40年世界杯转播经验的原中央电视台，始终以开放的姿态面对融媒体时代的机会和挑战。本届世界杯，中央广播电视总台新媒体矩阵再度合力出击，致力于跨体制、跨媒体、跨平台的融合传播。相关数据显示，在世界杯揭幕当日，优酷直播观看人数超过1 200万人，咪咕则涌进了3 250万名用户，中央广播电视总台新媒体端总触达人次超过3.15亿次。不难看出，在观看人次指标对比下，中央广播电视总台新媒体占尽绝对优势地位。其中，中央广播电视总台影音APP作为本次世界杯全牌照、多终端报道平台，通过新媒体多终端大小屏联动，出色地构筑起了世界杯报道的一整套阵容，融合赛事直播、世界杯资讯、进球集锦、赛事花絮、世界杯知识、游戏和互动等多种形态于一体，相继推出《大咖陪你看》《开场哨》《任意球》等原创节目、栏目，从各个层面牢牢抓住体育受众的核心注意力。

在差异化与资源多维度的整合中，三大平台对顶级赛事的流量回收最大化已成战局关键。时至今日，市场化竞争给用户带来了更多选择，但中央广播电视总台仍然是用户观看世界杯的首选品牌。据悉，截至2018年6月30日，世界杯上半程中央广播电视总台网多终端总播放量达到58亿人次，中央广播电视总台影音APP开赛仅5天新增用户量就高达1 531.4万人，在各大应用市场更是长期盘踞热门推荐，一度占据APP Store免费下载榜全榜第一的耀眼成就引人瞩目，在赢得绝对关注度的同时，也成为名副其实的市场主导者。

2. 大战背后，是硬技术与软实力的较量

流量数据是用户体验中最为直观的反应，而数据背后则是各家实力的综合比拼。对球迷来说，画质与解说无疑是世界杯直播过程中最重要的两部分。谁能应用硬技术保障解决用户的体验痛点，满足用户对高清、流畅的核心诉求，进而凭借强悍的软实力引领球迷畅享赛事中的每个精彩瞬间，谁就能在这场竞争激烈的用户争夺战中强势胜出。

从揭幕战一开始，咪咕视频的解说阵容吸引了不少流量。但在开播后出现长达十几秒的黑屏以及模糊的画质，还是引发了不少用户的集体吐槽。虽说咪咕在21小时后奇迹般地完成了画质逆转，给用户带来了流畅的画面，且实属偶发事故，但对于一个刚刚起步、尚未在体育直播领域证明自己的平台来说，一次事故就可能失去新用户对平台的好感度。

而优酷"高清、流畅、零延时"的画面在揭幕战中还是让观众眼前一亮，但解说员在直播时用不当言论调侃已故"德国门神"恩克的行为，却遭到网友的集体反对，也暴露出其娱乐有余、专业不足的技能短板。

相较之下，拥有众多中央广播电视总台顶级赛事直播经验的中央广播电视总台影音，则显得更为从容。中央广播电视总台影音在深耕内容的基础上，充分发挥了画质与解说这两大核心技术的优势，让人看到了其源自中央广播电视总台40年经典品质的深厚积淀。

在画质方面，中央广播电视总台影音应用窄带高清传输技术，不仅始终保证最高的清晰度，同时强调绝无延迟、卡顿现象出现，其流畅、高清、沉浸式的观赛体验不仅让球迷大饱眼福，也为中央广播电视总台新媒体实力圈粉。在解说方面，嘉宾阵容更是堪称强大，贺炜、洪钢、朱晓雨、刘嘉远、曾侃五大中央广播电视总台名嘴联合杨晨、徐阳两大前国脚，在风格严谨、细致的基础上，对局势的解说也十分到位。过硬的技术加强大的软实力，中央广播电视总台为观众带来了最佳观看体验，更收获了大批用户的一致好评，成为观看世界杯首选平台，自然也是水到渠成的结果。

复习思考题

1. 简述大数据的内涵及其给体育传媒产业带来的机遇与挑战。

2. 举例说明人工智能在体育传媒产业中的应用。

3. 简述体育传媒产业设备的历史进程。

4. 结合体育受众的特性,举例说明提高各类体育媒介的推广策略。

5. 结合体育传媒产业消费者的特点,简述如何改善体育传媒产业的发展。

参考文献

1. 喻国明,李彪,杨雅等. 新闻传播的大数据时代［M］. 北京:中国人民大学出版社,2014.

2. 崔保国. 传媒蓝皮书:中国传媒产业发展报告(2015)［M］. 北京:社会科学文献出版社,2015.

3. 付晓静,张晓斌. 大数据时代的体育新闻报道——以巴西世界杯报道中的可视化数据新闻为例［J］. 青年记者,2015(9):46-47.

4. 王润珏."互联网+时代"的传媒产业:转型指向与技术陷阱.［J］. 现代传播(中国传媒大学学报),2016(12):161-162.

第六章 体育传媒产业的发展战略与资本运营

当今社会正处于急剧变革的时期，作为全球化的基本条件和最主要的推动力之一，传媒业正经历并且还将继续产生诸多变迁。体育传媒产业因其与体育产业和传媒产业的交叉，在推动产业发展时，有必要基于产业经济学的视角，通过分析传媒业发展的战略与趋势，探讨体育传媒产业如何主动迎合甚至引导潮流，推动其进一步做大做强。

近年来，新技术、新媒体及新的资本运作方式推动体育传媒产业发展，成效显著。客观来看，与发达国家体育传媒产业相比，我国的体育传媒产业还有很大差距。在体育产业、传媒产业交叉融合，新技术、新受众交互作用的格局下，体育传媒产业需要不断应对新的发展环境。从战略层面而言，新定位、新理念、新方法的理论与实践刻不容缓。从发展趋势而言，应不断优化体育传媒产业的生态环境，使其更加适合当前经济社会的要求，促进体育产业和传媒产业的共生共荣，推动体育传媒产业的壮大和可持续发展。

第一节 体育传媒产业的战略

在新时代背景下，体育传媒产业的产生和发展过程可以从社会分工、体育产业和媒体产业三个维度来看待。全球经济一体化和信息技术的创新与扩展，使得产业化尚不充分的中国体育传媒产业与发达国家体育传媒产业之间的竞争与合作，更加充满挑战。如何从战略层面，梳理体育传媒产业的发展路径和目标，探寻体育传媒产业的有效政策和制度，是摆在我国体育传媒从业者面前的重大课题。

因此，本章主要对体育传媒产业的战略进行三个方面的分析，主要内容包括创新品牌定位和服务延伸、深化版权合作和形成产业集群、重视资本运作和优化国际布局。

一、品牌定位与服务延伸

体育传媒产业是一个竞争十分激烈的行业。美国未来学家奈斯比特曾说："21世纪是高度融合的世纪，又是高度细分的世纪。新闻与娱乐的细分化，是未来传媒的竞争趋势。"

因此，在品牌定位、服务延伸等方面，如何体现媒体特点，在产业格局中如何找准定位，是体育传媒产业内部竞争和外部合作的主要支撑点，也是整个产业的战略重点。

（一）品牌定位：差异化与创新力

传媒品牌是传媒机构所提供的产品（服务）在受众心目中的品质评价以及这种品质评价所具有的潜在的商业价值。作为一种无形资产，知名的传媒品牌其品牌价值远远大于固定资产价值。[1]

在我国，体育传媒产业仍处于初步发展阶段，在体育传媒产业中，提升品牌建设、明确品牌定位、形成品牌特色，已经成为市场中各主体的共识。互联网经济的重要特点之一就是粉丝经济、社群经济以及新近出现的网红经济。这些概念的背后，都是品牌与用户的关系。在体育传媒产业中，传媒品

---

[1] 金雪涛. 产业融合背景下的媒介品牌策略[J]. 商业时代，2008（10）：22-23.

牌建设成功与否很大程度取决于两方面的因素：差异化和创新力。

差异化是品牌建设的出发点。差异化定位要体现在对自身产品、受众群体和竞争对手的了解程度上。对用户市场需求、竞争对手的优势劣势和企业自身因素的全面分析，是进行品牌差异化定位的基本前提。品牌定位成功与否，关系到体育传媒的现实生存路径和未来发展走向。

创新力是品牌建设的原动力。创新能力的提升，有助于提高体育传媒产业的市场集中度和市场份额，缩减小型传媒机构与大型垄断传媒机构之间的差距，增强市场活力，促进竞争和发展。在媒介基础技术不断变革的过程中，作为媒体机构更重要的创新力体现在模式创新和运营创新上。

以"懂球帝"这款体现品牌定位创新的新媒体产品为例。"懂球帝"成立于2013年下半年，是一款基于移动端的关于足球资讯、视频和社交应用的APP。平台主要将球迷作为目标用户，深耕足球这一细分领域，为其提供足球资讯与深度内容，并辅之以交互社群以及直播等功能是目前国内较为成熟的足球平台之一。

从模式创新来看，足球作为世界第一大运动，拥有广泛的受众基础，在国内也有深厚的足球土壤。加上近年来我国的足球产业利好政策不断出现，以足球资讯切入足球市场的初创O2O（从线上到线下）企业并不鲜见。该类模式以PGC（专业生产内容）带动UGC（用户生产内容）的内容生产模式为主，壁垒并不高，很容易被复制和拷贝，但企业往往会面临用户数量难聚拢、被稀释等风险。"懂球帝"首先以优质内容聚合深度用户，而后让用户在社群中产生社交、从互动中得到反馈。同时，平台会根据新的需求更新产品和内容，以吸引更多的球迷用户，不断做大增量市场。如此循环，构建"懂球帝"的产品生态圈。

从运营创新来看，2014年的巴西世界杯让"懂球帝"在更广大的球迷群体中传开，并持续保持着用户增长量。大型足球赛事一直是足球类应用开拓市场的主要机遇，2016年美洲杯期间，"梅西退出国家队"的新闻，创造了"懂球帝"单日最大开机量的纪录。除了内容上的深耕，"懂球帝"也更加注重球员和球迷之间的维系，比如，之前免费赠送了1 000张2017年9月1日"中韩之战"的球票；曼联和曼城在国内的赛事取消后，紧急在北京的知春路开展了"球迷Party"，此外还有APP商城的一些特惠活动等。

在"懂球帝"APP首页的"头条"栏目旁，是上线一个月不到的"懂球号",其中有国际米兰、广州富力、江苏苏宁等各个俱乐部的专属栏目,也有足球经济学、哈比足球青训专栏等内容,"这个栏目形式与今日头条类似,主要作用是拉近球迷与球员的距离。"根据公开的最新数据,"目前'懂球帝'有 2 860 万注册用户,18~35 岁的用户人数占比达到 66.15%。日常活跃的用户人数为 200 万~300 万,平均每人每天的打开频次是 8~12 次。"①

作为足球领域的大流量平台,"懂球帝"在 2015 年年底推出的商城版块也被看作是商业化尝试的一种手段。商城的商品目前分为标品和非标品两块,标品包含了耐克、阿迪达斯、彪马、美津浓等各个品牌商的球鞋、球衣、球袜、背包等产品;非标品中又分两类,一类是俱乐部衍生品,比如多特蒙德球星卡、背包等,另一类则是"懂球帝"自有品牌,比如带有"懂球帝"logo 的足球、衣服等。非标品方面,"懂球帝"一般负责供应链和设计环节,结合热点事件对球迷文化进行挖掘并快速响应设计,制作高品质的球迷文化产品,满足用户需求。另外,商城也推出了票务分发的服务,已合作的票务有 ICC 国际冠军杯、国足十二强赛、中超联赛北京国安、江苏苏宁、山东鲁能等俱乐部的赛事票务,后续还计划提供更丰富的国内外球票服务。

(二)服务延伸:从线上到线下,从赛事转播到 IP 运营

在体育传媒产业发展中,纯粹的内容制作和输出已经不能满足市场需要,也无法实现从线上到线下的全领域贯通。体育传媒产业的一种新型发展模式是以阿里体育为代表的互联网体育传媒模式。在这种模式中,体育传媒机构更加注重媒体服务从内容到消费、从线上到线下的延伸,从纯粹的赛事转播逐渐转向 IP 运营。

IP 即知识产权,也被称为"知识所属权",指"权利人对其智力劳动所创作的成果享有的财产权利",一般设有有效时间。各种智力创造比如发明、外观设计、文学和艺术作品以及在商业中使用的标志、名称、图像,都可被认为是某一个人或组织所拥有的知识产权。具体到体育产业领域,一项赛事、一个明星,都可以归入 IP 的范畴。

2015 年 9 月,阿里巴巴集团宣布成立阿里体育,正式布局体育产业,

---

① 懒熊体育. 懂球帝获苏宁领投超 1 亿元融资 [EB/OL]. http://www.sohu.com/a/112950481_235063.

第一节 体育传媒产业的战略

并提出要以数字经济思维创新发展体育产业链。阿里体育判断了国内体育产业发展的10个趋势：体育管办分离，改革逐步实施，更多协会以足协为模版发展；媒体版权费用大幅上升，成为职业体育收入的主要来源；更多体育巨星将进入"百富榜"；IP是体育产业的核心；体育人口将大幅上升，5年内预计达到全国总人口的50%；电子竞技将成为主流的运动项目；运动将变得很简单；体育的一切皆可互联网化；体育产业结构调整，将从体育事业转变为体育经济；国际体育产业中将衍生出中国巨头企业。①

阿里体育是目前国内拥有IP创造、体育媒体和用户变现能力较强的综合平台，虽然公司还处于早期发展阶段，但是依靠阿里巴巴的生态资源，借中国体育产业发展之势，阿里体育以"服务"作为基石，以创造IP为核心，在体育产业领域不断拓展延伸。

相比于万达、腾讯、苏宁、乐视等体育公司，阿里体育在近年发展中一直秉承"阿里系"固有的"生态基因"，阿里体育CEO张大钟曾不止一次公开表示，阿里体育不会大手笔购买版权，它们的商业模式是以创造IP、绕过版权成本的轻资产、重运营的模式。

头部赛事IP是体育产业的核心，通过垄断稀缺IP，从赛事运营商、广告主、版权代理和海量粉丝中获得超额利润，方式简单有效，也最具盈利价值，但弊端显而易见。人为地抬高版权价格，当价格背离其价值时就会出现泡沫，当泡沫越来越大，价格就会出现严重畸形，此时购买版权因成本高昂，盈利压力反而成倍提高，甚至拖累盈利。

阿里体育认为，版权和IP不能混为一谈，IP可以是一项赛事，也可以是一个人，而赛事版权属于IP拥有方，只是以B2B商业模式为核心，在一定时间获得的授权。因此，在阿里体育运营模式中，获得转播权或者版权只是第一步，真正的关键是IP的整体运营。

目前，国际优质体育资源大多掌握在各国际性体育组织和商业公司手中，他们拥有制定赛事体系的权利，有能力创造新的赛事IP。与强者合作，可以实现优质头部IP在我国的落地并孵化新IP，成为IP运营方和拥有方，在一定程度上可绕过高昂的版权成本。这是阿里体育开展IP运营的一个

---

① 张大钟. 阿里体育要创IP [EB/OL]. http://www.360doc.com/content/16/0324/11/31721317_544828710.shtml.

"四两拨千斤"的方法。

2017年1月19日,国际奥林匹克委员会与阿里巴巴集团在瑞士达沃斯联合宣布,双方将展开期限至2028年的长期合作。阿里巴巴将加入奥林匹克全球合作伙伴赞助计划(即"TOP 计划"),成为"云服务"及"电子商务平台服务"官方合作伙伴以及奥林匹克频道创始合作伙伴。

2017年4月17日,阿里体育与亚洲奥林匹克理事会(Olympic Council of Asia,以下简称"OCA")达成战略合作伙伴关系,双方将共同持续、大力地推进电竞运动在传统体育领域的发展,2022年杭州第19届亚运会将把电子竞技纳入正式比赛项目。除此之外,双方将共同进行包括亚运会、亚冬会在内的亚奥理事会旗下赛事的市场开发工作。

如果说与国际奥委会合作对于阿里体育的影响尚属间接性质,与亚洲奥林匹克理事会达成战略合作伙伴关系,推动电竞运动进入第19届亚运会,对阿里体育具有直接的影响。作为一种新兴体育项目,电子竞技逐渐成为风靡全球的新生体育项目。据悉,在亚洲有超过3.5亿人接触电子竞技,产业规模巨大。2013年,国家体育总局信息中心主办了"NEST 全国电子竞技大赛",填补了国内大型综合电子竞技赛事的空白。

2016年3月,阿里体育创办了 WESG(世界电子竞技运动会),这是阿里体育力行自创 IP 的一个"大动作",也是谋求公司在体育产业中的话语权。阿里体育对电竞运动的总投入已超过1亿元,全球报名参赛选手高达6万余名,覆盖125个国家与地区。阿里体育在电子竞技领域已确立先发优势,对于电子竞技深层次的认识和理解领先于国内其他同类企业。2017年,阿里体育的电子竞技版图也扩展到全国多个城市,2017年的亚太区总决赛就在山东省胶州市举办。

二、版权合作与产业集群

体育传媒的价值在于可吸引受关注度高的现场比赛,满足体育受众对比赛最新情况和过程及时了解的需求。体育是一种"易过期产品",在体育传媒产业的战略布局中,购买赛事的独家转播权、联合赛事主办方深度开发版权资源是一项重要的手段。

产业集群的概念最早在20世纪70年代被提出,1990年,美国哈佛大学商学院教授迈克尔·波特在其《国家竞争优势》一书中重提"产业集群"的概念，并将其用于分析一个国家或地区的竞争优势，至此这个概念开始被广泛应用。迈克尔·波特认为，产业集群是指某一特定行业内大量企业和相关机构在某一区域的地理集中，而且这些企业与机构之间具有密切的联系。

目前，我国的体育传媒产业基本是政府主导的发展模式，正处在产业集群的形成初期，不少体育传媒企业由单一的内容平台转型为产业平台，市场力量也在逐渐加入。

（一）赛事资源：版权合作的深化与扩展

在体育传媒产业的战略布局中，要想控制"命脉"，就要控制体育比赛的直播内容。因为优质内容（即广受欢迎的体育赛事直播、集锦以及最新的新闻和信息）是体育传媒内容经济中最受重视的资产。全球知名的大型媒体集团要想在内容竞争中获得优势，无论是电视、网络还是移动媒体都要重视体育，甚至可以说，体育赛事的版权是内容竞争的关键。

FOX体育传媒集团的创始人爱德·格伦认为，体育运动的魅力就在于它不像其他传媒产业那样不断变化，而是呈现出一种恒定不变的形式，版权的市场价值由此凸显出来。首先，转播权的价值建立在体育赛事的即时性上。体育传媒为受众提供引人注目的体育盛会生产链且具备高难度的技术门槛，体育直播内容也因此更加保值。其次，在线内容的兴起尤其是知识共享的繁荣，例如知乎、百度百科等平台正在消除专业和业余媒体间的"假定区别"。但是，这种"消除"并没有发生在大型体育赛事的转播之中。因为体育明星的稀缺性、高端赛事的专业性、体育转播的高门槛，是无法轻易被削弱的。

因此，体育传媒在不断产业化的进程中，必须重视与赛事版权方的深度合作，不断深化和扩展各类优质赛事的版权合作。从2010年起，谷歌开始购买更多体育赛事的直播权和报道权。谷歌每年有超过130亿美元的收入，每季度的利润超过10亿美元，它的分公司分布在全球25个国家和地区，拥有50余万名员工，这些数据可以体现出谷歌在体育传媒市场的潜在实力。比如，谷歌购买了印度板球超级联赛（IPL）的网络直播权，在它的子公司Youtube平台上收获了近亿人次的观看量，转播内容吸附了包括可口可乐和惠普公司在内的国际顶级广告。由此，谷歌电视平台对已经主导体育运动转播近半个世纪的广播电视规则，进一步明确地提出了挑战，并获得了收益。

当然，体育电视媒体的统治地位并没有被根本性地撼动。因为体育电视媒体集中掌握了大量的优质赛事转播权，同时具备深厚的资本实力和历史积淀。例如，美国国家橄榄球联盟（NFL）在与哥伦比亚广播公司、娱乐体育节目电视网、福克斯、美国国家广播公司、美国卫星电视网等传媒公司签订的多年赛事报道合约中，获得的收入超过 40 亿美元。美国国家广播公司还为 2012—2020 年的奥运会赛事美国国内转播权花费了 43.8 亿美元的投入。

  巨量的资金投入，雄厚的资源倾斜使得体育电视媒体得以持久地拥有转播权，并策略性地将大型体育赛事作为主要产品面向大众，展开各项经营活动。这样强大的经济实力和象征性的媒介力量已经由自由市场和新自由主义管理方式支撑了几十年，集中体现了体育赛事和传媒产业之间长久存在的互惠互利关系。体育组织依靠大量实质性的转播权收入来维持运营，同时由于广告资源的支持，体育电视媒体得以发挥如此持久的影响力。

  此外，面对盗版等不良因素的干扰，国际知识产权联盟、国际反伪劣产品联盟、反 IP 盗取联盟等版权产业联盟纷纷成立，体育赛事版权联盟（SROC）也应运而生。体育赛事版权联盟的成员包括了世界上最大的体育单项组织，比如国际足联（FIFA）、国际田联（IAAF）、一级方程式赛车（F1）联合会等。体育赛事版权联盟目前也向欧盟（EU）和世界贸易组织（WTO）提出交涉，正着手影响体育电视转播和知识产权政策的制定。

（二）产业集群：由内容平台扩展为产业平台

  在体育传媒的业务中，内容生产始终是核心。在产业化的过程中，体育传媒要做大做强，必须逐步从单一的内容平台扩展为连接上下游的产业平台，以内容为核心竞争力，以体育产业、传媒产业和文化创意产业为主阵地，打通产业价值链，形成产业集群。

  1985 年，迈克尔·波特在其名著《竞争优势》中首次提出"价值链"概念。价值链是指企业为创造价值所进行的一系列经济活动的总称。在价值链中价值的概念相对于顾客而言，指产品的使用价值；对于企业而言，价值是指产品能为企业带来销售收入的特性。企业要生存发展，必须为股东、客户、职员、合作方等利益集团创造价值。企业创造价值的过程可以分解为设计、生产、营销、贸易以及对产品起辅助作用的一系列互不相同但又互相关联的经济活动，或称为"增值作业"，它们的综合体即构成企业的价值链。价值链在经济活动中无处不在，上下游关联的企业与企业之间存在产业（行业)价值链,企业内部各业务单元的联系构成企业价值链。①

在体育传媒产业中,单纯的内容生产已经无法满足产业价值链各个节点的现实需求,当前的新媒体形态已不再是简单的内容供应商,而是复合型的内容与消费平台。体育传媒产业价值链可以理解为以媒介为基础平台,体育消费为市场动力,以新闻、赛事、娱乐、明星、音乐、游戏等为内容,以策划、制作、包装、发型、传播、运营等为载体的商业价值链条运作体系。

在产业价值链的基础上,体育传媒价值链需要更进一步打通上下游的利益共享点,实现体育产业、传媒产业和文化创意产业的"价值汇流"。也就是说,可以将基于移动互联网技术基础平台上的体育传媒产业各利益相关方,通过体育、传媒、金融、服务、信息等业态的汇合,以产业集群的方式,形成规模效应,实现跨越式发展。

在价值汇流的基础上,以往各自为政的市场主体、建立了联系但尚不密切的企业机构,将产生更主动的跨产业、跨平台、跨部门、跨领域的合作动机,对体育传媒产业价值链上的各个环节起到解放作用,破除不同机构之间的传统壁垒,实现信息、市场、技术等各方面资源的共享与互惠并形成产业集群,推动体育传媒机构在全球范围内的重新整合和竞争。

与其他产业类似,集群化发展是体育传媒产业的重要趋势。这种趋势因其与体育产业和传媒产业的高度交叉而显得更加明显。体育传媒产业集群是由主要的体育传媒机构或一批体育传媒机构及相关组织共同组成的具有较强经济联系的网络结构,在一定地域范围内与城市功能相配套。

纵观国内外的体育产业集群,媒体的作用不可忽视,但基本都处于配角,真正意义上的体育传媒产业集群还有待时日。在我国,几家大型互联网企业与各地政府合作推进的体育特色小镇、赛事 IP 落地等项目,也因为互联网企业自身所带的媒体基因,打上了体育传媒的烙印,但离集群规模还相差甚远。因此,在体育和传媒的融合方面,找准产业定位,推进价值链建设,构建以传媒特色为核心的体育传媒产业集群,是政府部门和市场各方面临的机遇与挑战。

---

① 喻国明,张小争. 传媒竞争力:产业价值链案例与模式[M]. 北京:华夏出版社. 2005:46.

三、资本运营与国际布局

在传媒产业战略中,资本运营是一个绕不开的重点议题。我国自改革开放以来,我国宏观经济发展态势良好,这为传媒产业的增长提供了扎实基础。随着传媒产业总体市场规模的不断扩大、产业政策的强力支持,我国传媒产业的规模逐渐壮大,并且存在着巨大的资本运营空间。作为传媒产业的一部分,体育传媒产业的体量更小、空间更大,资本运营成为体育传媒机构发展壮大的重要手段。

在资本运营的过程中,国际布局也具有重要的战略意义。由于体育资源的国际化程度极高,加上新媒体这种瞬间共享的传播模式,体育传媒产业的国际化与生俱来,独具优势,更值得精心呵护与培育。

(一)资本运营:体育传媒的资本运营战略

一般而言,体育传媒产业可以用于运营的资本包括经营性资产、实物资本、货币和金融资本、无形资本。经营性资产包括广告、发行、信息、出版等产业以及相关上游产业。实物资本包括办公楼、机器设备等。货币和金融资本指传媒机构拥有的流动资金、股票证券等金融资产。[1]

作为智慧密集型产业,体育传媒产业最重要的是人才资本,人才和品牌组成了无形资本的核心。此外,无形资本还包括企业经营机制、管理能力、关系渠道、营销网络、频道频率、刊号资源等,这些都是传媒机构的核心竞争力所在。

体育传媒的资本运作以资本增值为目的,通过对资源的优化配置和结构调整,对传媒资本进行运筹和经营活动。体育传媒资本运营的特点与其他行业并无根本区别:一是开放式经营,体育传媒机构应该利用一切可能的融资手段,实现资本的扩张(或适时的收缩);二是资本导向,企业经营的目标是以资本的增值为中心,资本的增值会带来更多的利润,以利于企业开展进一步资本运营,构成一个良性循环;三是利益最大化,所有一切可以利用的资源都可以参与到资本运营之中,并试图以最少的资源获取最大的利益。

体育传媒产业的资本运营,在战略上要注重资本扩张的稳定性、坚持无形资产的唯一性。

---

[1] 牛勇平. 传媒产业资本运营 [M]. 北京:经济管理出版社,2014:18.

在一般情况下，体育传媒产业的资本扩张可以分为两种：金融性资本扩张和实体性资本扩张。前者是指传媒机构的融资，常用的融资手段包括留存利润、债务性融资、上市融资及风险投资；后者是传媒机构非货币资产的增加与扩大，包括增加设备、扩大规模、增加营销渠道、增加市场占有率等。两种扩张都是体育传媒机构在上升发展的表现，经常体现为上市与发债，兼并与收购。从战略层面看，资本扩张是企业发展的必由之路，在不断实现规模升级的同时，更需要注重扩张的稳定性，避免盲目扩张带来的风险。

无形资产是体育传媒体现自身特色的核心竞争力。因此，在资本运营的过程中，始终要坚持无形资产的唯一性。在新媒体竞争中，一个好的主笔、一名优秀的设计师、一种广受欢迎的媒体风格，都是无形资产。可以说，现代媒体的竞争，主要是无形资产的竞争。具备唯一性的无形资产，并以此获得粉丝和用户，是包括体育传媒在内的各类新型媒体发展壮大的"终极武器"。

作为一家以体育赛事直播为重要特点的互联网视频企业，2004年，PPLive(后改名为PPTV)创办，历经6轮融资，累计融资7.1亿美元。10年间引入和更迭三套核心管理团队及合伙人。2013年10月28日，苏宁云商、弘毅投资宣布，以4.2亿美元的公司基准估值联合战略投资PPTV聚力公司。其中苏宁云商投资2.5亿美元，占PPTV聚力44%股份，成为第一大股东。原机构大股东日本软银全部退出。①PPTV一路走来，有众多的风险投资机构的支持，还有最大的私募股权投资人日本软银的"豪赌"。作为体育传媒的一种形态，在线视频是一场持续投入资本、规模跑赢成本的持久战。

在体育传媒相关无形资产的运作方面，PPTV也动作频频。2015年7月，PPTV独立分拆体育传媒事业部，成立子公司，加快体育垂直领域的产业布局及资本运作。按照PPTV方面的规划，体育公司下设在线事业中心、赛事运营中心、产业拓展中心、市场营销中心、体育投资中心和职能管理中心。体育公司拥有独立的研发、销售和节目制作、运营、商务采购职能，新增直播服务、赛事运营、广告销售、体育投资等服务。

体育产业"玩家"的增多也使得体育赛事的转播权之争愈演愈烈，PPTV在发展过程中一直将赛事转播权作为核心竞争手段。数据显示，

---

① 冯海超. PPTV投奔零售巨头[J]. 英才，2013(12).

2014—2015赛季的英超比赛直播为PPTV带来了4.2亿人次的整体流量。PPTV方面强调,在成立子公司之后,PPTV体育业务的整体战略将转向打通体育产业链的各个环节,走向上游赛事,主动创造自有赛事品牌。此外,还巩固扩大平台优势,深入下游产业,引导体育消费。

(二)国际布局:体育传媒的重要战略方向

全球化是文化的变革,更是媒介的革命,基于移动互联网技术的新媒体蓬勃发展,不断改变着大众的活动空间和媒体消费方式。2000年以后出生的"千禧一代"受全球化的影响根深蒂固,体育传媒产业要想赢得未来,必须关注新生代群体的内容消费需求。

就体育传媒产业整体而言,在全球化背景下推进国际布局是大势所趋。体育传媒产业国际布局的手段主要有三种:一是国际制作。以完美世界公司的电子游戏产品《无冬之夜》为例,策划和技术部分在美国制作,美术部分在我国成都制作,利用中国企业来调动全球资源用于开发产品。二是国际发行。电子游戏"完美世界"在全球100多个国家和地区发行,这一款基于《山海经》中的神话故事具有中国传统文化背景的电子游戏,国外用户一眼就能识别,由于产品的国际化程度较高,国外用户易于接受。三是国际伙伴。只有与国际机构一起合作,才能更好地推动整个体育传媒产业的发展。

体育传媒产业发展已不是一个单独的区域化业态,国际化正在成为行业发展的主旋律,主要体现在产品、运作和人才三方面:

1. 产品国际化

产品国际化是体育传媒产业国际化战略的第一步。与国际化公司建立深度合作,制作出中国体育传媒产业"走出去"的典型代表产品。利用国际资源开拓国际市场,加强与国际传媒集团合作,共同开拓国际市场;利用国际资源,包括通过各种融资与合作途径,利用国外的资金、技术和管理经验、渠道等。此外,还可与国外传媒集团共同投资,在世界各地市场收购当地传媒企业。与国外传媒集团成立合资公司销售中国的传媒产品,这种模式主要是借助外国成熟的销售渠道,为我国传媒走向世界打开通道。除此之外,还可以由中国媒体集团直接投资国外媒体,与其共同扩展海外市场。

2. 运作国际化

体育传媒机构可以同时涉足赛事、新闻、电影、电视剧、游戏、综艺、演出等多个细分行业,通过IP资源和体育明星资源,快速切入文化市场,并在多个市场中进行转换，从而带动更多线下消费和周边产品的销售，未来 IP 还将有可能布局全产业链开发和运营。基于技术能力和品牌号召力，体育传媒公司也应不断扩大内容的覆盖，积极在体育产业和文化产业的更多新兴领域开展业务。

3. 人才国际化

体育传媒的跨国经营特别需要国际化人才，一方面，可以直接利用海外市场的本土人才资源；另一方面，有必要培养一批国际化的体育传媒人才。在经济全球化、我国传媒业已逐渐迈出海外扩张步伐的背景下，应加快培养既具有深厚中华文化底蕴、熟悉本土传媒市场，又深谙国际传媒市场运作，具有全球化实业的高级媒体管理经营人才，为未来参与全球的传媒行业竞争打下坚实的基础。[1]

第二节 体育传媒的资本运作

一、体育传媒的资本扩张

随着越来越多的资本进入体育传媒市场引发了频繁的体育传媒扩张活动，本质上是一种传媒业核心竞争力的战略手段，在一定程度上推动了体育传媒产业的快速成长。由于长久以来我国体育媒体"事业单位，企业管理"的特质，体育传媒的扩张方式分为权利模式和资本模式，扩张方式是在宏观上使直接使用行政权力配置资源以及在微观上使权力单位直接成为参与市场竞争的主体。例如，1996 年中央广播电视总台出资建立中视体育，是一家隶属于原中央电视台的大型体育赛事运营和推广公司。资本模式则是指传媒进入资本市场，寻求与资本的结合。[2]如 2017 年 1 月专注于体育娱乐视频内容的上海肯讯传媒完成了 A 轮融资，这次融资由微影资本、前海兴旺联合领投，汉富资本和微赛体育跟投，规模达到数亿元，以支持"肯讯"未来的发展壮大。而近年来社会大环境的改变，人们对体育信息需求量的增大以

---

[1] 叶志瑜，汤南阳，罗晨. 文化全球化背景下传媒产业走出去的思考 [J]. 声屏世界，2016 (9).

[2] 张洪忠. 资本影响下的中国传媒业 [M]. 北京：北京师范大学出版社，2014.

及体育产业发展本身给传媒提供了无穷的信息，使体育传媒发展更加趋于产业化，所以有必要进一步研讨体育传媒产业在"做大做强"的过程中是如何进行资本模式扩张的。

（一）资本以及体育传媒资本

1. 资本的定义以及特征

资本是理解体育传媒产业资本扩张的起点，马克思曾提出资本是商品经济的必然产物，是企业进行生产经营活动的一个必要条件，始终存在于社会再生产的大循环中，并不断进行自我增值。也就是说，资本就是用于增值目的的货币，只要能够实现增值的货币就是资本。而增值性也是资本最根本的特征，即资本能够产生大于自身的价值，资本运动的最终目标是追求价值的增值。

2. 体育传媒资本

体育传媒资本指的是体育传媒企业用以经营的资产，包括与其相关的广告、发行、印刷、信息、出版等产业以及非新闻业的产业部分，如网络传输、设备研发、制造等上游企业。①

体育传媒资本作为体育传媒产业运营、发展和成长所依赖的最基础、最根本的资产来源，主要包括三方面内容，即人才资本、有形资本和无形资本。

人才资本要以人力资源为前提，具体指个体所具有的知识、智慧、技能以及才华等能够运用起来进行创造性劳动，而且能为人类和社会做出贡献的禀赋资源。在体育传媒产业中，人才资源主要包括作为传媒资本运营指挥官的领导者和领导班子以及作为传媒资本运营重要因素的职工和职工队伍。如由著名投资人王思聪成立的"香蕉体育"，现任 CEO 是前中央广播电视总台著名主持人段暄、委任执行副总裁是年轻的"80后"丁明昊，并且吸引了武磊、古雅沙、邹凯等明星运动员为其业务布局出力。人才是体育传媒产业核心竞争力的根本，关系到经营成败的关键。

有形资本一般指体育传媒产业生产所用到的基础设施、机器设备、工具以及物质资源等，如各部门的办公大楼、体育节目制作设备以及传输设备、赛事转播信号播出设备、接收设备等，有形资本是传媒资本运营的凭借和基

---

① 谢耘耕. 传媒资本运营［M］. 上海：复旦大学出版社，2006.

础。在 2018 年平昌冬奥会上，CCTV-5 首次运用了 4K 超高清一体化网络制播系统，不仅保证了赛事节目制作的效率，还提升了高清观看和节目特效的体验感。整个系统由 4K/HD16+6 通道、战术分析工作站 1 台、移动非编工作站 7 台等组成架构，是价值极高的有形资本。

价值形态资本，主要包括两大类：货币资本和金融资本。货币资本指国家财政拨款、广告经营收入、内容经营收入、固定资产折旧以及其他货币形式资金等，如 2016 年万达体育公布盈利收入 33.9 亿元。金融资本指体育传媒企业上市后为获取盈利而购买的各种债券和股票、其他企业或者经济实体给传媒的投资、传媒可以利用的各类社会闲散资金与传媒资本相融合而形成的资本。价值形态资本具有可分割性。如 2018 年 4 月 3 日，阿里体育宣布全资收购健身运动品牌乐动力，为其体育新零售布局打下基础。

无形资本指具有资本特性的无形资产，核心是体育传媒产业的品牌价值，此外还包括传媒经营机制、关系渠道、营销网络、赛事资源、内容品牌等。如 ESPN 依靠赛事资源才能获得广告收入、用户付费等。如今，体育传媒企业的竞争到了资本运营的战略竞争时代，开发无形资产的价值显得尤为重要。

体育传媒产业的资本来源主要有三个：一是自生资本，指传媒产业留作资本的那部分利润；二是借入资本，指传媒产业在资本市场，如银行、股票市场上筹得的资本；三是拨付资本，指政府从财政中划拨过来的资本。近年来，随着体育传媒产业对资本市场的逐渐介入，介入资本的比重有所增加，在更大程度上满足了体育传媒在快速发展中对资金的渴求。

（二）资本运营以及体育传媒产业资本运营

1. 资本运营的定义以及特点

资本运营是以资本积累的方式使资产增值到最大，以价值管理为原则有效运营企业的全部资本，优化配置企业的全部资本与生产要素，根据外部竞争环境和内部运营状况及时调整产业结构的一种经营方式。[1]也就是说，企业资本扩张的最终目的就是进行资本运营。资本运营作为企业核心命题之一，其特点在于：

（1）资本运营的本质是通过变换资本的不同形式参与企业再生产从而实

---

[1] 钱晓文. 当代传媒经营管理［M］. 2 版. 广州：中山大学出版社，2014.

现资本增值。

（2）资本运营具有开放性和创新性，力求通过较少的资本调动更多社会资源以规避风险。同时企业不仅要重视内部自有资源，还需通过多种融资手段、盘活方法增加所拥有资本的份额，使内外部资源完美结合，实现资本的最大价值。

（3）在资本运营过程中具有流动性而且资本形态多样，高效率时代同样需要加快资本运转。资本的价值随时间的变化有所不同，任何企业都要加快自身资本的流通速度，避免资金、产品的积压造成资本闲置损失。

（4）资本运营要注重企业整体结构优化，包括对产品、组织、技术以及人才等企业内部资源结构的优化，还包括对实业、金融和产权资本等资本形态结构的优化，另外还有对存量和增量资本结构以及资本运营过程的优化等。[1]

2. 体育传媒产业资本运营

所谓体育传媒资本运营，就是将体育传媒所拥有的用以经营的资产，包括和体育传媒业有关的广告、发行、印刷、信息、出版等产业，也包括体育传媒非新闻业的产业部分，如网络传输、设备研发、产品制造等上游企业都视为有经营价值的资本，通过流动、重组等多种途径运作，实现体育传媒资源最优配置，积累体育传媒资本数量并扩张其规模，进行有效的管理和经营，以实现资本增值最大化的一种经营管理方式。

体育传媒资本运营具有6个基本特征，分别为：

（1）增值性。即体育传媒产业在最终的追求就是资本价值的最大化，而且要注意其高风险性，时刻关注资本的投入产出效益，在规避风险的同时，保证资本增值。乐视体育在2016年用13.5亿元的高价购买中超版权，但是盈利只有5 000万元，这样的投入产出根本没有使资本增值，使乐视出现危机。

（2）价值性。即体育传媒资本运营要求把所有可以利用和支配的资源、生产要素都看成是可以经营的价值资本，以价值形态为中心开展。专注"民间篮球比赛"的城市传奇公司创立初期就在"开活网"上凭借过去承办比赛积累的数据评估球队实力，帮助想约球的双方队员撮合比赛。这种方式就是

---

[1] 喻国明，丁汉青，支庭荣等. 传媒经济学教程 [M]. 北京：中国人民大学出版社，2009.

将数据作为可以经营的价值资本。

（3）开放性。即体育传媒的资本运营不仅局限于经营内部资源，而且还通过融资、信用等不同方式扩大资本的份额，通过并购、参股、控股等方法，实现资本的积累和扩张，用以优化内部资源和外部资源，以增强资本的价值。新赛点体育发布的 2016 年财务报表中显示其业务收入达到 2.07 亿元，2017 年将增加向华夏银行贷款 500 万元，且在 2017 年新赛点还赢得了3 000 万元的融资。

（4）流动性。即重视资本的支配和使用，绝不造成资本闲置浪费。要通过产权重组盘活存量资本，促进资本的合理流动，还要缩短资本的流通过程，提高流动速度避免资本积压。乐播足球在 2017 年 3 月获得了 500 万元的天使轮投资，很快在 8 月份就打造了"中国足球小将"青少年足球赛事，视频点击量和播放量极高，不到一年就做到了业务转型。

（5）优化性。体育传媒资本运营追求在经营过程中对体育传媒整体进行优化改造。通过体育传媒内部资源如体育内容产品、体育传媒工作组织机制、技术以及专业人才的结构优化，通过体育传媒资本形态如产业链实业形态、体育赛事以及节目等产品产权、金融资本以及无形资本的结构优化，存量和增量资本的结构优化，资本经营过程的优化等实现资本的优化配置和合理组合。

（6）风险性。资本经营往往伴随着巨大风险，尤其在金融资本和产权资本的运营过程中，体育传媒产业从开始筹资到实际运作以及投资回收和利益分配，都面临着大量不确定因素带来的风险。

体育传媒产业的资本运营主要有三种主要形式：

第一，体育传媒有形资本运营，即通过树立以资本导向为中心的经营理念，通过重组、合资、融资等方式寻找资金来源盘活传媒资产，并建立有形资本回报率指标体系，以保证体育传媒资本有效利用，提高资本利用率。拥有 7 个付费高清体育频道的瀚动传媒在 2017 年完成了 A 轮融资，用以提供丰富的直播资源和选择空间，着力培养用户付费习惯，预计平台落地 20 个省、自治区、直辖市。

第二，体育传媒无形资本运营，即通过全方位的策划和经营，促进无形资本和有形资本的良性互动，达成低成本、高效益的资本运营目标。2017年 10 月，双刃剑体育与 FIFA 签约成为 2018 世界杯亚洲区赞助独家销售代理，据悉双刃剑体育为此整合了大量头部资源、球队、线下活动、电竞赛事、旅游周边、相关综艺等全方位营销，扩大自身影响力和销量。

第三，体育传媒人才资本运营，即通过树立人才就是资本的理念，制定科学的用人策略，改革用人管理体制以及扩大人才资本运营规模等选择最优人才。尤其是体育传媒行业的专业性要求更强，人才资本在整体资本扩张过程中的作用更加重要。2017年，原乐视体育COO于航出任当代明诚体育集团董事长特别助理。在就职于新浪和乐视期间，他都利用专业知识和广阔人脉帮助公司获得众多资源和业务，当代体育邀请于航有利于日后的业务运营和扩张。

（三）体育传媒产业的资本扩张

1. 体育传媒产业资本扩张的定义

体育传媒产业的资本扩张是进行资本运营的基础性环节，是指体育传媒根据自身生产经营、对外投资和调整资本结构的需要，在现有资本结构的前提下，通过内部运作积累、外部并购重组、追加资本、借助金融市场等筹资方式，迅速扩张资本规模，其中包括横向、纵向以及混合资本扩张。

2. 体育传媒产业资本扩张的方式

体育传媒主要通过投资新机会、筹资管理、内部运营积累等方式扩大规模以获得足够的资本支持。

3. 体育传媒产业投资

体育传媒产业投资是指体育传媒产业为追求收益和资本增值，在一定时期内投放足够数额的资金或实物、货币等价物于某一领域项目的经济行为。

根据不同的区分标准，体育传媒产业的投资行为分为几大类别：

第一，按照投资行为的介入程度分为直接投资和间接投资。直接投资指不借助金融工具，由体育传媒直接将资金转移交付给被投资对象使用，包括传媒内部直接投资和对外直接投资。前者形成货币资金、实物资产、无形资产等公司内部直接用于生产经营的各项资产，如投资购买的摄像机、赛事转播权等；后者形成传媒持有的子公司或联营公司股份等各种股权性资产，如当代明诚收购新英体育。间接投资是指通过购买被投资对象发行的金融工具而将资金间接转移交付给被投资对象使用的投资，如香港莱茵投资购买亚洲职业篮球管理发展有限公司55%的股权。

第二，依照投资的领域可分为生产性和非生产性投资。生产性投资是面向物质生产领域的投资，主要将资金用于购买建设、生产等物质材料，比如体育传媒公司购买摄影机进行节目录制。与之对应的非生产性投资则是指将资本投入到无生产能力的非物质生产领域中，一般这种投资更加看重社会消费或服务能力。如各大体育传媒公司购买赛事转播版权。

第三，按照投资的方向可分为对内投资和对外投资。从体育传媒立场出发，对内投资即项目投资，指将资本投放于为取得供本公司生产经营使用的固定资产、无形资本、其他资本和垫支流动资金而形成的投资，例如，虎牙直播花费30亿元培养和包装主播。对外投资是指传媒为购买国家及其他企业发行的有价证券或其他金融产品，或以货币资金、实物资产、无形资产向其他企业注入资本而发生的投资，如腾讯拟斥资5 000亿韩元收购韩国蓝洞股份。

第四，根据投资的内容不同可分为固定资产、无形资产以及流动资金投资等多种形式。

近年来我国体育产业作为朝阳产业发展迅速，体育传媒产业也纷纷加入发展前景看好的体育领域，在做投资决策时，应考虑以下因素：

（1）需求因素。只有受众对相应体育领域的需求达到一定程度时，投资收入才会达到预期标准，项目投资的可行性才更高。如一些格斗、电竞等新兴赛事近年来关注度不断提高，各方也开始加大对其投资。

（2）时期和时间价值因素。时期因素是指投资项目从开始到最终结束的整个过程，包括建设期和运营期。时间因素是根据项目计算期在不同时间点上价值数据的特征，按照一定折现率计算相关动态项目评价的指标。尤其体育赛事的举办具有周期性，体育传媒应更加注重时期和时间因素，赛事的举办时间和特定时间点的关注度指标都是传媒产业投资项目的重要考虑因素。

（3）成本因素。投资成本由投入阶段成本、经营成本和产出阶段成本组成。传媒投资的最终目的就是为了通过项目盈利进行资本积累，所以投入产出比是重要的考虑因素，在投资项目时的成本也是决定投资决策的影响因素。一度盲目投资赛事的欧迅体育2016年票务承销投入3 545.24万元，收入却仅有2 103.24万元，亏损巨大。体育传媒企业在进行投资时的具体程序包括：

（1）确定投资领域和对象。企业应以掌握良好的投资机会为前提，着眼于自身长远发展，制定中长期投资计划，同时考虑外部投资环境的变化来选择适合的体育领域进行投资。赛事版权如今已成为各大传媒抢占的"红海",阿里体育迟迟没有参加激战,转向重点投资智能场馆运行。

（2）预估投资方案的可行程度。以市场调查数据分析投资项目的环境、市场、技术和内容生产的可行性,并对自身人力、财力、物力等可行性做出总体评价。

（3）慎重选择投资方案。由于体育产业涵盖的项目和内容种类繁多,各赛事和各产业的受众群体划分更细,要提出多种方案以备选,在充分分析各方案的优劣势之后做出选择。

（4）实施投资方案。即投资行为的执行过程。

（5）评价投资方案。在进行投资行为时,应注意检测执行过程中的各种变化,以做出及时迅速的反应。

4. 体育传媒筹资管理

体育传媒筹资是指企业为了维持经营、投资运作、调整资本结构,运用一定的筹资方式,筹集获得所需资金的一种行为。

体育传媒的筹资程序需要全方位评价可能影响筹资的各种因素,清楚资本的性质、数量、所需成本和潜在风险等指标,合理选择筹资方式,确保筹资达到预期效果。具体程序为：

（1）分析传媒自身的生产经营情况,正确预测资金需要量。

（2）全面考虑多方资金关系,例如传媒股权与债务、长期与短期资金、内部与外部筹资等。分析运用多种筹资方法,优化配置资本结构,保留一定程度的债务偿还能力,时刻警惕传媒财务危机,增加筹资收获效益,优化资本结构。乐视体育的资金危机为体育传媒产业敲响了警钟。

（3）以了解各种筹资渠道、衡量筹资成功的困难程度为基础,分析来自多方的资金成本,选定经济性最优、可行性最强的筹资渠道和筹资方法。

（4）合理安排筹资时间,适时取得资金,使筹资与用资在时间上相互衔接。

（5）合理运用和管理所筹资金,妥善安排归还债务资金的来源和归还时间,避免财务危机。

作为体育传媒重要的资本积累活动,筹资的主要方法有以下几种：

1. 股权筹资

股权筹资是传媒企业最基本的筹资方式,主要有吸收直接投资、发行股票和利用留存收益三种形式。

（1）吸收直接投资。是指体育传媒产业直接从国家、法人、个人和外商各方吸收投入的资本。将投资方所出的实际出资额直接吸收成为实收资本，记入注册资本；而超过注册资本的部分则归为资本溢价，形成资本公积。

吸收直接投资有以下特点：① 快速生成生产能力，因为可以得到货币资金和非现金投入用以购买生产所需的先进硬件设备和专业技术；② 容易进行信息沟通，投资者比较单一，传媒和投资者之间易于沟通；③ 吸收投资的手续相对比较简单，筹资费用低；④ 相对于股票投资来说成本较高，传媒经营效果好且盈利多时，投资者往往要求将大部分盈余作为红利分配；⑤ 投资者一般要求获得与投资数额相适应的经营管理权，导致传媒控制权集中，不利于体育传媒产业治理；⑥ 没有证券作为媒介，不利于进行产权交易转让。

由于体育传媒产业的特殊性，体育媒体选择资本作为投资方是个复杂的过程，主要包括几个选择原则：① 及格线原则。传媒企业在引入投资时一定要切记"急于找钱，多少是点"的心态。尤其体育版权运营速度一般不快，两三年基本不能有回报。要根据自身行业特点、发展目标、经营模式、竞争格局等变量因素设置引入资本的及格线，考量投资方的资本实力。② 战略目标契合度原则。传媒在选择资本时最重要的是弄清资本进入媒体的动机，主要有荣誉需求、传播需求、利益需求、产业链扩充需求、战略扩展需求，这5种需求从高到低代表了资本选择传媒投资的不同动机，从体育传媒角度来说，最值得选择的是有战略扩展需求的投资者，但也只有具有重要市场地位和长远战略目标的体育传媒企业才能受到这类投资者的青睐。

（2）发行普通股股票。是指体育传媒以股份有限公司发行有价证券，通过自由转让、买卖和流通，或者集成、赠送或抵押等方式进行资本变现。

通过发行普通股筹资主要有以下特点：① 体育传媒的所有权与经营权是分离的，这种分散控制权的形式便于传媒自主管理和经营；② 消除了固定的股息负担，股利的分配和支付可根据传媒盈利情况决定，保证资本成本不会过高；③ 能扩张体育传媒的社会影响力，股东的大众化可以扩大社会影响范围；④ 股票便于股权的流通和转让，更容易吸引到新的投资者；⑤ 筹资费用较高且过程复杂；⑥ 一般吸收的都是货币资源，体育传媒如要生产经营还需再购置和建造其他有形资本，不易尽快形成生产能力；⑦ 体育传媒自身控制权分散，容易被控制或恶意收购。

（3）利用留存收益。是指经过股东会的决议，将提取的盈余公积金或者不再分配的未分配利润用于转增资本。

利用留存收益筹资的特点主要体现在：① 体育传媒从外界筹集长期资本，不需要发生筹资费用，资本成本较低；② 不用对外发行新股以此来吸引新的投资方，由此方式获得的额外权益资本不会使体育传媒股权结构改变，可维持传媒的控制权分布；③ 这种方式筹集的最大数额等于体育传媒到期的净利润与年度未分配利润之和，无法像外部筹资的方式一样一次得到很多资金，筹资数额有限。

2. 债务筹资

是指体育传媒产业通过向银行借款，向社会发行公司债券、融资租赁以及赊购商品或劳务等方式筹集和取得资金。

（1）银行借款，指体育传媒企业向银行或其他非银行金融机构借款，这种款项需要偿还本金并且支付利息。①

银行借款筹资的主要特点体现在：① 程序相对简单，所花费时间较短，筹资速度快；② 利息负担较低，而且无须支付证券发行费用、租赁手续费用，资本成本较低；③ 在借款之前和借款期间，体育传媒企业都可以与贷款机构协商借款数额、借款时间以及借款条件，以便根据自身情况实时修改，对传媒具有较大灵活性；④ 体育传媒企业必须签署一系列借款保护条款来保证自己的资本支出额度、再筹资、股利支付等行为，对企业的生产经营活动有一定程度的影响；⑤ 会收到贷款机构资本实力的制约，不能一次筹集到大笔资金，筹集数额有限。2018 年 5 月 21 日，莱茵体育为运行其体育小镇项目，拟向中信银行借款 7 000 万元，其以公司在杭州的多个办公地点作为担保，并且借款期限不超过 1 年。

（2）发行公司债券，是指体育传媒依照法定程序发行的、约定在一定期限内还本付息的有价证券。

发行公司债券进行筹资的特点主要体现在：① 一次性筹资数额大；② 对于债券发行主体的体育传媒产业有严格的资格限制，往往是股份有限公司或者有实力的有限责任公司，会提高体育传媒的社会声誉；③ 使用限

---

① 乔美颖. 企业筹资活动分析［J］. 山西财经大学学报，2015（4）.

制条件少，具有相对的灵活性和自主性；④债券期限长、利率相对固定，能够锁定资本成本；⑤发行资格门槛高同时需要办理复杂的手续；⑥因为需要支付利息并且筹资费用不低，所以这种方式资本成本较高。2017年6月15日，新体育传媒为维持运营和完成投资及收购，发行了1.3亿港元的债券，期限为1年，年利率高达12%。

3. 衍生工具筹资

是指体育传媒产业通过兼具股权与债务特性的混合融资以及其他衍生工具融资，最常见的有可转换债券和认股权证。

（1）可转换债券，属于混合型证券，综合了普通债券和证券债券。持有债券方可以在一定期限内，根据规定的价格或者转换比例，自由选择是否转换为普通股。

可转换债券筹资主要有以下特点：①同时具有传统债务和股票的筹资功能，在性质和时间上更加灵活；②利率低于同一条件下普通债券的利率，同时转换为普通股时无须支付筹资费用，资本成本较低；③转换成股权后发行相当于以较少的股份代价筹集了更多的股权资金，筹资效率高；④如果股价处于恶化性的低位，持券者到期不转股，会造成财务压力；⑤如果发行股价持续低迷，投资者集中将债券回售给体育传媒公司，会加大公司的财务压力；⑥如果债券转换时传媒股票价格大幅度上涨，体育传媒只能以较低的固定转换价格换出股票，会降低传媒的股权筹资额。

（2）认股权证，属于股票期权，体育传媒上市公司发行证明文件后，持有人能够在一定时间内以约定价格认购该传媒发行的一定数量的股票。

认股权证筹资有以下特点：①促进融资，使体育传媒企业按时完成股票发行计划；②通过缓期分批的融资方式优化体育传媒公司治理结构；③通过激励员工推进公司的股权激励机制。

（四）体育传媒重组

体育传媒重组就是企业重新配置自己的资金、人力、技术、管理等要素，通过与其他传媒联合、合并同行企业或外行企业、分离自身产业部分、出售和置换资本的方式，构建新的生产经营模式、优化组织结构，保持竞争优势。其作用表现在改善公司的经营管理状况，扩展业务范围，从单一业务发展为跨地区、跨行业的多样化业务。如莱茵体育于2016年4月12日与CCTV达成长期友好合作关系，双方将共同出资设立"冰雪运动公司"，打造拥有丰富赛事资源的体育赛事平台，加速推进莱茵体育产业生态圈布局。

其中剥离与分离也是资产重组的重要手段，属于收缩性战略。通过改变经营计划明确体育传媒主要业务，让外界对体育传媒的价值给予肯定，提高现有的资本价格，激发体育传媒组织内部人员的积极性，使管理更加有效，保证资本质量和投放效果，以获得更多的回报。例如，2016年乐视体育将原有的赛事运营板块逐渐舍弃，实行收缩战线，专注做体育媒体，放缓横向扩张，告别盲目的扩张方式，聚焦现有资源以加强生态组织管理。

市场经济的发展使我国社会发生了巨大变化，人们不再屈就于单一的物质性消费，精神性消费越来越得到人们的青睐。为了紧随时代的步伐，体育传媒产业必须加快市场化进程，并且在这个过程中资本是首要动力。所以体育传媒产业必然会选择投靠资本市场或者利用大规模市场运营进行融资以积累发展资本。

二、体育传媒的融资

（一）体育传媒融资概述

体育传媒融资是指体育传媒企业为了自身的经营发展，向企业内部或者外部，以直接或者间接的方式筹集资金。

体育传媒企业一般通过两种方式进行融资：内源融资和外源融资。内源融资主要是依靠企业的留存利润不断追加投资；外源融资则是依靠金融市场，直接或者间接地获得资金。

所谓直接融资，是指融资过程中没有金融中介机构的运作，由资金盈余方直接购买需要资金支持的传媒企业发行的有价证券，如商业信用、企业借贷、债券和股票等。与其相对的间接融资，是指通过金融机构的中介方担保来实现资金提供方和需要资金的体育传媒产业之间的资金流通，一般以银行券、存款、汇票等非货币间接证券作为交易中介。

不同的融资方式导致融资资本、风险、资金使用期限的差异。间接融资往往成本较高，而且资金供求双方联系不够紧密，不利于资金的快速合理配置，所以直接融资已经成为体育传媒产业融资的主要渠道。尤其自我国加入WTO之后以及全球化程度的加深，越来越多的体育媒体走向了国际金融舞台进行融资。①

（二）体育传媒融资方式

自从加入 WTO 之后，我国传媒业整体进入高强度竞争和规模化发展的阶段。尤其在 2015 年国务院颁布的"46 号文件"将体育产业上升为"国家战略"后，体育传媒产业就成为热门朝阳产业，各家纷纷使出本领力争做大做强。规模化发展带来企业对增加资本的内在需求，也使资本市场成体育传媒企业融资的重要渠道，由于不是每个企业都能上市，除此之外还有很多融资方式。

1. 利用留存利润

利用留存利润的主要特点在于原始性、自主性、抗风险性以及低成本性。但是我国体育传媒产业的资金积累手段较为单一，所以应在此基础上扩大多方融资渠道，保持可持续发展。

2. 债务融资

债务融资主要有向金融机构借款、发行债券、运用商业信用和融资租赁等几种方式。债务融资的成本可以抵减应税所得额，使传媒企业少缴纳所得税；另外，发行长期债券筹得的资金所支付的利息允许在税前列支，可以增加公司的股东权益。

3. 长期借款

长期借款有规定的借款利率，可以固定或者随基准利率的变动而变动。我国体育传媒产业目前发展前景被看好，产业的信誉度极高，因此作为"新蓝海产业"更容易吸收到商业银行提供的借款。长期借款主要分为担保借款和信用借款，实行分期等额偿还、到期一次性偿还以及分期等额还本三种方式。

长期借款这种方式筹资速度快、筹资成本低、借款弹性好，不会稀释股东的每股收益和控制权，能充分发挥财务杠杆的作用。但是采用这种方式扩大了财务风险，而且限制条件多、筹资数额有限，一般都需要某种形式的抵押来获得借款。

4. 发行债券

发行债券指体育传媒企业依照法定程序发行在一定时间内还本付息的债

---

① 喻国明，丁汉青，支庭荣等. 传媒经济学教程 [M]. 北京：中国人民大学出版社，2009.

券，可以自由转让，并以自身的经营利润作为还本付息的保证。

根据还款规定的不同，债券可以分为：到期一次性还本付息的利随本清债券、每年或每半年付息一次；到期还本的息票债券、发行时按规定的折扣率以低于债券面值的价格发行；到期按面值偿付、不再单独计息的贴现债券（零息债券）。除此之外还可以分为担保债券与无担保债券、可转换债券与不可转换债券、固定利率债券与浮动利率债券以及参与公司债券与非参与公司债券。

由于债券有不同的评级，对于体育传媒企业来说，债券评级会影响筹资成本，等级越高，成本越低，筹资能力越强。这种方式使当前股份持有者的平衡权力被减弱，不会改变每一个权力拥有者对体育传媒产业的控制局面。与银行贷款相比，债券筹资成本较低。但是发行债券会降低体育传媒企业的资产负债比率，直接反映在资产负债表上，不利于传媒企业再融资。

5. 融资租赁

对于体育传媒来说，购买资产是为了使用资产为自身获取收益。如此看来，资产的使用权比所有权更具有实际价值。租赁是指获取资产使用权的融资方式，可代替资产购买。

这种方式筹资速度快、限制条款少、设备淘汰风险小、到期还本负担轻、税收负担轻、可提供一种新的资金来源。但是融资租赁筹资成本高，因为租金总额通常高于设备原本价值。①

6. 上市融资

体育传媒企业通过公开发行股票上市是获得资金的另一种有效途径，主要分为发行普通股和优先股两种方式。发行普通股没有固定的股利负担，所筹集资金没有偿还期，风险小，增强了体育传媒企业的资金实力，有利于再次融资。但是发行普通股的筹资成本较高，可能会分散传媒的控制权以导致股价的下跌。发行优先股是指传媒企业在筹集资金时，给予投资者某些优先权的股票。这种股票有固定的股息并且先于普通股股东领取，而在传媒企业破产时，优先股股东对企业剩余财产的要求优先于普通股股东，仅次于债权人。这种方式股息相对稳定，不会对体育传媒企业的利润分配造成过大的影响。

---

① 肖叶飞. 传媒经营与管理 [M]. 合肥：中国科学技术大学出版社, 2016.

在各种融资方式之中，发行股票可以获得最长使用期限的资金，而且无须定期支付利息，避免了支付风险。但是上市融资获得资金也意味着传媒权益资本的增加，上市体育传媒公司要定期披露财务状况，增强公众对企业的信心，有助于拓宽其他融资渠道再融资。但费用门槛和政策门槛高也会导致并非每个体育传媒企业都能成功上市。

7. 合作经营

合作经营是指体育传媒企业通过转让一定时期的广告经营权、发行权，甚至频道、频率、栏目、版面内容的传播权来获取社会资金的注入。但这种合作存在一定的政策风险。

8. 风险投资

对于体育传媒产业这种新兴的、迅速发展的、有巨大竞争潜力的朝阳产业，职业金融家更喜欢将资本投入其中。但是这种方式必须有专业投资机构为其做担保，而且是机构自担风险，并且要通过一系列严格地筛选和评估，才可以向发展潜力十足的新创体育传媒产业或者能力以及市值被低估的传媒项目、传媒产品注入资本，并通过科学的管理使风险资本增值。

一般风险投资进入体育传媒企业有几个重要步骤，分别是：（1）搜寻合适的体育传媒投资机会，可以由风险投资企业自行寻找、体育传媒企业自荐或者第三方推荐；（2）初步筛选，风险投资方根据体育传媒企业提供的投资建议书，对企业自身和项目进行初次审查，并挑选出少数感兴趣的部分进行进一步考察；（3）调查评估，风险投资方会对传媒所提供的投资建议进行广泛、深入和细致的调查，以检验企业所提交材料的准确性，并挖掘可能遗漏的重要信息。另外还根据掌握的各种情报对投资项目的管理、产品、技术、市场、财务等方面进行分析，由此做出投资决定；（4）寻求共同出资者，风险投资方一般都会寻求其他投资者共同投资。对于体育传媒企业来说，共同出资增大了被投资总额，而且对企业自身的控制权也不会过于集中；（5）协商谈判投资条件以达成双方共识；（6）最终交易，双方签署协议投资生效。

风险投资公司一般不会向体育传媒企业一次性投入全部所需资金，而是根据项目的具体情况，分阶段投入资金。而且在风险投资的过程中，投资方与体育传媒企业是一种合作关系，双方在共同创业，共同为体育传媒企业顺利成长并促其最终成熟的目标而努力，而风险投资方也希望借助投资获得高额回报。

三、体育传媒的并购

（一）体育传媒并购概念

体育传媒的并购是指体育传媒企业间的兼并和收购。并购是资本运作的主要形式之一，不仅能够促成企业的快速成长，而且能够实现企业对产业链控制、业务转型、掌握核心竞争力等战略功能的把控。[1]

体育传媒产业是一个高投入、高产出的领域，"规模效应"和"强者为王"是企业经营的原则。所以各家公司纷纷通过并购让尽量大的传播网络分摊内容生产成本，同时尽量使用多种媒介形式实现内容的多次传播，扩大其规模经济的效益，还可以合理避税，获得竞争优势。

（二）体育传媒并购方式

1. 按并购双方的行业特征划分

（1）横向并购。横向并购是指体育传媒企业通过兼并、收购、生产同类产品的公司而获得市场份额的扩张。这样做是为了减少竞争、实现市场扩张、进一步扩大并购方的垄断范围和实力以形成规模效应。在现阶段，我国体育传媒的横向并购主要体现为强强联合。

（2）纵向并购。纵向并购是指体育传媒企业通过兼并、收购，将经营领域向传媒价值链上游和下游延伸，以形成纵向生产一体化。体育传媒产业的纵向并购一般通过对大量关键赛事和营销渠道的控制，或使自身拥有的资源涵盖同一种类型的媒介产品的不同阶段，包括制造、发行、传播和销售阶段，从而有力地控制竞争对手的活动，提高体育传媒领域的进入壁垒和各传媒企业之间的差异化优势。

但在纵向并购中存在更多的风险，由于传媒价值链的不同环节需要的经营理念、组织文化、管理风格都不一样，如果并购没有很好地完成战略整合，会对整个企业带来负面效应。

（3）混合并购。混合并购强调实施并购的传媒公司和被并购方之间没有竞争关系，同时也不是彼此的客户或供应商。即不同市场、不同行业之间的扩张行为，其最主要特征就是追求多元化发展。

混合并购可以分为三种类型：跨媒介并购型、跨地域市场并购型和纯混

---

[1] 谢耘耕. 传媒资本运营[M]. 上海：复旦大学出版社，2006.

合并购型。目前来说，跨传媒扩张和跨地域扩张成功率相对较高。纯混合型并购要求两家或者两家以上内容生产和职能无任何关联的企业进行并购。主要是为了通过并购进入新的领域获得更高的利润以求更好的发展，为多元化投资和多样化经营创造条件，优化财务管理和行政管理机制以获得规模经济，但是纯混合型并购成功率较低。

从体育传媒的角度来说，混合并购这种模式可以实现多元化经营，既可以在一定程度上降低其经营风险，又能够确保其稳定效益，同时还扩大其经营范围，为企业凸显其在体育产业以及现代信息社会中的重要性。

2. 按付费标准划分

（1）现金收购。现金收购是指一家体育传媒企业购买另一家同行业企业的部分或者全部资产，支付必须使用现金，支付完成后有权控制被收购方。

（2）股票收购。股票收购是指一家体育传媒企业通过一定方式收购另一家传媒企业的股票，只有获得了一定比例的股票数量后才可以控制被收购公司。但是并购对象一般是证券交易所挂牌交易的上市公司。

3. 按并购资金是否依据被收购企业的资产情况划分

（1）杠杆收购。杠杆收购是指并购方体育传媒企业通过增加自身的财务杠杆来完成收购。实质是收购方先借债购买被收购方产权，再用被收购方企业的资产或现金流来偿还债务。

（2）非杠杆收购。非杠杆收购是指收购方体育传媒企业不使用目标公司的自有资金、资产及运营所得来支付或担保支付并购金的收购行为。但这并不意味着收购方有足够的自有资金而无须融资、借贷就可以达到并购目的。

（三）体育传媒并购后的整合策略

整合是体育传媒企业并购成败的关键，很多企业并购失败的主要原因就是并购后没有进行合理地整合规划，不能使并购后的新整体形成合力。体育传媒产业专业性要求较高，对于并购来说，很多公司性质和经营方向的不同带来传媒文化的巨大差异，以致并购后难以确立经营方向和竞争优势，很大可能造成并购失败。所以并购完成后最重要的事情就是进行有效整合，大体上分为整体战略整合、人事整合、业务整合、文化整合等方面。

1. 战略整合

战略整合是指并购企业想要在行业内形成竞争优势或者整体协同效应，以了解并购双方的具体情况和外部环境，安排如何使目标企业融入并促进自身未来的发展或是调整并购完成后如何扩大企业整体的经营方案。战略整合包括决策规划组织、各部门组织、系统发展目标、运用方式、进行步骤的一体化以及一致性。

战略整合是贯穿整个并购过程的，是其他要素整合的战略导向。战略整合不仅是对目标企业的原有战略进行整合以使其能与并购公司的战略保持一致，而且还需要对并购传媒公司自身的战略加以重新设计调整，做到与目标的最优融合。

2. 人事整合

体育传媒对人才的专业性要求相对较高，所以整合人力资源是一项敏感度极高而且极其重要的工作，要竭尽全力不使人才流失。

在企业并购后，管理者应该根据新的整体战略和业务等设置人才资源或进行整合。采取相应的人力资源管理方法和措施来消除员工因收购行为引起的紧张和不安情绪，激发员工的工作热情。

3. 业务整合

体育传媒企业一般在自身擅长的业务经营领域，规划整合公司未来发展目标，并吸收被收购方在传媒行业中的作用和与其他部分的关系，考虑是否调整现有业务。去除一些分配不科学的业务或者合并一些业务部门，增加传媒整体运作分工的配合度以提高业务部门之间的协作，也就是通过并购实现规模经济和协同效应。

4. 文化整合

体育传媒在一定程度上将体育文化和体育精神向社会传播，且其本身也有自己的公司企业文化。并购双方是否真正的匹配并且彻底融合可以从企业文化中体现出来，因此，促进双方的文化融合对并购企业整体的经营运作有着不可忽视的重要作用。

（四）体育传媒并购的风险

并购能够为体育传媒企业带来协同效应和超常规的发展，但同时也带来很多风险，严重时甚至会造成公司破产。

1. 经营风险

体育传媒产业的并购一般围绕自身擅长的体育经营领域，如果并购的企业经营业务与自己本身的主营业务关联不大，两方业务无法互相匹配并相互带动，极有可能破坏公司原有业务的经营状况。如此并购不仅没有带来利益，还会削弱传媒公司的盈利能力，使其运营成本增加、净利润额下降、工作效率降低。

2. 管理风险

体育传媒经营者很容易在资本运营的过程中因为"贪多图大"的心理而盲目追求扩大规模，进行非理性投资。再加上公司盲目扩大后，来自市场、资金、技术等方面的限制都会束缚公司发展的脚步。所以盲目的多元化，会造成缺乏综合管理能力，发展战略不明晰。

3. 文化风险

如果并购双方的经营理念、管理机制、文化精神、整体结构不能高度匹配和真正融合，文化风险会给并购后的新公司整体造成严重打击。

4. 财务风险

西方的传媒集团几乎都依靠借贷起家，利用财务杠杆在并购中实现快速扩张。体育传媒公司的并购行为不仅会影响双方的业务、成本以及财务结构，还有可能引发资金链中断和难以偿还债务等风险，而且造成的财务风险与并购规模、涉及的资金数额、债务所需的利息费用成正比。一旦并购后的利润没有达到预期标准，就会导致收购方的债务过高，并影响公司的每股收益和盈利水平。同时恶性循环会导致企业无法正常偿还债务，造成企业市场价值贬值，面临巨大的债务危机。

四、体育传媒的上市

（一）体育传媒公司上市

体育传媒的上市是指传媒公司通过公开发行股票的形式进行上市融资。体育传媒公司上市就意味着向公众开放，在接纳公众融资的同时，将放弃作为非上市公司的一些权利，包括经营决策权和收益权。

体育传媒公司上市是为了实现以下目的：通过公司上市重组，满足法律、法规和政策对企业股票发行和上市的要求，包括盈利水平、负债水平、净资产收益率、资产规模、股权结构等；通过上市理顺传媒公司内外的各种关系，体现股份制企业的生产经营系统和其他实体的非生产经营系统的分离，使上市公司的生产、供应、销售各环节具有比较完整的运营体系；通过上市优化公司自身资产质量，提高资产利润率，使股份制企业有较好的投资回报率。

上市是体育传媒产业发展壮大的有效手段，它可以迅速积累资本，并能在公司财务状况良好的情况下进行再融资，使企业长期拥有发展资金。但是并不是所有传媒企业都适合上市这一发展手段，因为首次上市发行股票的门槛很高，而且上市之后要经常进行信息披露接受监督，如果一时经营不善，业绩不好，不仅会给企业造成经济损失，而且也会给企业品牌带来负面影响。

（二）体育传媒公司上市的基本要求

体育传媒公司上市重组应该围绕明确公司产权关系，改善公司的资产结构，提高资本利用率和利润率，增强自身筹资能力，分离自身的社会职能，促进自身经营机制的形成和规范运作，提高企业的竞争能力，并以清除体育传媒产业发展以及上市中可能出现的法律障碍等方面来开展。

1. 体育传媒企业决定上市必须考虑业务重组

在体育传媒企业上市时，必须对自身原有的业务进行全面的分析比较，其中包括主营业务是体育产业的哪一部分以及效益如何；企业内控股子公司与控股公司的业务连带关系；其他各个业务经营实体的效益情况；非主营业务与主营业务的关系，辅助生产系统与主营业务的关系；非营利性业务的经营情况等。要将与主营业务无关且对整个企业利润影响不大的业务剥离，以保证企业上市时候的质量。

2. 避免同业竞争

体育传媒上市公司就同一内容产品或可替代产品的生产以及市场不能与"相关联公司"出现竞争关系。如果出现竞争关系会产生利益冲突，不能满足股份制企业上市的要求。应将与计划上市的体育传媒公司主营业务有关且是控股股东的同业经营系统一并投入上市企业的重组架构中；或者，因股权比例以及规模和利润回报限制不可投入的，应将这部分同业经营系统划拨出售给其他投资者，从而与上市公司控股股东无利益上的交集。

3. 符合国际惯例，减少关联交易

关联交替是指有决策权的股东同时控制与体育传媒股份公司主营产业相配套且提供这些配套产品的企业，而且这些企业都是以盈利为目的的。国际惯例要求企业必须通过资产重组，尽可能地减少关联交易，并把"不宜上市的关联交易"转为"不影响上市的关联交易"。体育传媒股份有限公司若存在同业竞争、关联交易将被认为不符合上市条件，且这些行为如果不予以限制，大股东在这种业务往来过程中，就可能通过自己的控制权造成不公平的交易，转移利润，侵占小股东的利益等行为。

4. 把不宜进入上市企业的资产分离出来

为了使上市公司具有比较完整的运营体系，要使股份制企业的经营生产系统和其他实体非生产经营系统区别出来，将非生产经营系统分离出去，因为这类资产不产生利润，只能扩大资产规模，降低利润率，在当前的股票发行制度下，不利于最大限度地为公司募集资金，而且无法保证其他投资者的利益。

（三）体育传媒企业上市的主要方式

1. 直接上市

体育传媒企业的直接上市是指准备上市的企业将自身商业化业务板块分离出来，比如广告业务、赛事运营板块、体育节目制作、体育明星经纪等，将这些板块单独注册成立独立的股份有限公司，然后上市发行股票，公开募集资金。其中直接上市又分为整体上市和分拆上市两种形式。

（1）整体上市，也是我们常说的 IPO，是指将企业所有的业务全部实现上市经营，但是由于行业限制和我国政策限制，整体上市的体育传媒企业非常少。

这种方式的优点在于：便于体育传媒企业大规模融资，劣势在于周期比较长，需要媒介主管部门和证券监管部门的双重认可，政策风险比较大。

（2）分拆上市，是资本收缩的方法之一，通过拆分法人完成，是吸收合并的逆操作。分拆上市既可以只分离原公司的部分分支，又可以将部分分支直接上市从资本市场筹集资金。分拆上市在资产规模上并没有使企业资产规模变小，相反使总公司控制的资产规模扩大。

2. 间接上市

体育传媒企业的间接上市指企业必须首先取得对资源的支配权，然后进行间接上市。这是由于我国传媒行业的特殊性，国内的政策限制较多且资源较为稀缺导致。间接上市主要分为买壳上市和借壳上市两种形式，其中买壳是借壳的基础。

（1）买壳上市。所谓买壳上市，是指一些不具备上市条件的体育传媒企业经过收购债权、控股、出资、购股等方式，买到一些业绩不理想、很难筹集到资金的上市公司的所有权以及经营权，实现上市。成功购入后会分离被购方的资产，然后进行关联交易将其自身业务注入原上市公司，利用其上市条件为企业的未来发展筹集所需资金。

这种方式对于上市公司来说既可以提高自身的质量，又可以借助一系列资产重组运营的方式解决资金链断缺的问题。买壳上市普遍能使业绩在一定程度上得到提升，甚至会发生从内而外的变化。一般买壳上市完成之后，壳公司在二级市场会再次获得投资者的注意，极有可能使原来下跌的股价再次上涨。同时买壳上市还会伴随着横向、纵向以及混合并购等变动，对于体育传媒产业规模化和多元化发展有极大好处。但是这种上市速度快、政策风险小的方式要求企业拥有一定的现金支付能力和盈利能力，而且很有可能会被卷入被收购对象错综复杂的资产关系中，从此背上沉重的包袱。

（2）借壳上市。所谓借壳上市是指体育传媒公司的母公司或所属的集团公司已经是上市公司，它们将自己的资产重新投入别家上市传媒公司，以此来使母公司完成上市。借壳与买壳的相同点在于重新规划使用"壳"公司的资源，是一种间接的上市方式。但是借壳上市往往不要求传媒公司支付大量的现金，拥有"壳"资源的对象在借壳成功后会分享上市公司的部分收益，所以借壳上市的资产关系处理起来相对复杂。

借壳上市必须要有优质资产为基础，之后才能够利用上市公司所拥有的大比例配股获取资金。而且需要先将企业最为重要的项目业务融入上市公司中，然后通过配股转移非重点项目的方式完成借壳上市，避免了复杂艰难的包装过程，是一条企业上市的捷径。

（四）体育传媒公司上市的利弊分析

随着体育传媒产业的发展，传媒规模日益扩大以及资本的强势进入，体育传媒企业上市成为现在最热的话题。但是上市并不适用于每一家体育传媒公司，而且上市之后还可能存在特殊的风险，因此体育传媒企业在上市之前应该慎重考虑。

1. 企业上市的好处

（1）融资。上市是企业融资的常用方式之一，通过上市企业可以筹集资金而且还可以增强自身债券融资的能力，有利于公司以后的发展。

企业通过上市融资的好处在于：无须考虑款项到期、没有归还限制；公司不用担负固定股利的偿还负担；上市所融资金可供企业进行其他筹资；上市可以成为债权人的保障，整体提高公司的举债能力。

（2）优化企业资本结构。资本市场不仅为资金流通提供平台，而且可以帮助企业培育体制、重组自身资产。体育传媒企业通过上市所获取的社会资本，减少了国有资本在企业中所占比例，直接影响企业的资本构成，借助社会资本可操作性更强的特点使企业的资本运营效果大大提高，而且有助于企业改变自身的法人治理体制和经营管理结构。

（3）资源整合。体育传媒企业上市以后，通过多种手段的资本运营，例如并购、换股等方式，进而延伸自身价值链，整合有价值的资源并对其进行最有效的配置，这种方法所需成本相对较低。企业上市后多元化趋势越来越明显，可从低度多元化向中度多元化甚至是高度多元化产业方向发展。这样不仅提升业绩，股民的热情也会被激发，企业的生命力也因此更加旺盛。

（4）规范管理机制，完善治理结构。从企业角度来看，上市有利于改变企业现有管理机制，使自身经营趋于规范化并且优化决策治理体系结构，进而使运营质量获得提高，加强企业的市场竞争力。可采取的方法如：① 体育传媒企业先完成上市，之后根据证券市场监管原则，设立现代企业制度，制定规范化的管理流程。② 企业经历了上市就会对自身的股权结构有清晰的了解，精细分析后处理一些股权过于集中的部分，优化法人治理体系；③ 传媒企业上市以后其经营运作成为公开的信息，社会公众会知道原本无须公开的股权分配、运营方式、财务现状、重大事件等信息，这无形中形成了严苛的外部监管，在竞争激烈的环境下帮助传媒公司做出正确的决策。

（5）有利于提高体育传媒公司的知名度、扩大影响力。传媒是影响力经济的产物，特别是体育传媒公司的受众出于对体育项目以及体育明星的热爱，对体育传媒的忠诚度更深。

因此体育传媒影响力是一种非常重要的资源。上市对体育传媒企业本身是很好的广告宣传，因为上市有很高的门槛。只有投资者认可企业价值，认为其经营管理状况不错而且具有巨大的发展潜力，才会支持企业，而且上市后企业会定期公布自身信息状况，可借此树立优质形象以便日后拓展业务、扩大市场占有率，提高市场地位。

（6）有助于提升企业公信力。体育传媒企业上市后的运作必须要符合资本市场的规则和要求，而且定期公布的信息，也增加了企业经营运作的透明度。只要投资方和社会公众了解到企业的经营状况良好，尤其是投资方经过风险评估后认为企业值得投资，就会增强银行等金融贷款机构对企业的信任感，日后更易申请借款。因此，上市融资既提高了企业的声誉、扩大其知名度和影响力，还可以使公司上下游产业链上的广告投放方、相关合作企业以及贷款提供者、投资方对企业的信心大大提高。

2. 企业上市的缺点

（1）融资成本高。企业上市融资获取并使用资金需要付出一定的成本代价，必须以符合股票发行和上市条件为基础。但是对于一些刚刚起步或者经营状况一般的企业来说，在满足这两个条件之前，还要解决改制问题。企业需要聘请若干中介机构辅助完成企业改制、股票发行、上市等专业性较强的工作，这是一笔很大的费用。

另外，企业在上市之后仍要支付股权使用资金费用，包括雇佣中介机构及市场运作费，投资者应得的股息红利，尤其是红利会占据企业利润的绝大部分，这种资本成本高于银行贷款。

所以体育传媒公司上市之前要经过严密地规划和分析，结合预估收益权衡上市与银行贷款等融资方式所需成本代价的高低。

（2）经营风险多。体育传媒企业上市面临的风险很多，主要有：① 盈利能力，市场需求决定股价，投资者对企业价值的评价起到相当大的作用，这对公司来说是一个巨大的压力；② 盈利周期风险，体育传媒上市公司由于内容产品生产、运营的特殊性，盈利周期往往不能与资本市场各项年度盈利周期相互保持一致，而且品牌影响力的形成不是一朝一夕的事情，加之广告回报有滞后效应，短期内无法看到资金投入产生的回报，可能使投资者质疑企业的能力和未来的发展；③ 盈利模式过于单一，体育传媒企业甚至是整个传媒行业绝大部分的收入都来自广告投入，过于单一的变现模式会减低企业自身的发展动力和竞争能力。

（3）机制缺陷风险。体育传媒公司如果没有准备好便急于上市，对于公司体制机制没有精准的分析和科学的规划，改制存在漏洞会影响其经营运作。

（4）信息公开化风险。上市意味着将公司向公众开放，公开化带来的风险在于：① 公司上市后要按照监管实施信息公开，避免不了一些商业信息公开后对企业带来的负面影响；② 公司上市必须公开经营战略、业务经营数据和市场策略等很多细节，很多计划，在竞争对手面前过于透明；③ 上市后企业成为公众公司，许多内部消息对外公布，一旦经营出了一点纰漏，会影响企业声誉，严重时会使其市场价值贬值。

上市是体育传媒企业融资的一把利剑，但也是一把双刃剑，而且并不是每一家体育传媒公司都适合上市。因此，在策划上市之前应严密分析资本市场的相关规则和当前情况，结合自身实际情况做出正确判断。

 经典案例

瑞士盈方体育传媒集团

瑞士盈方体育传媒集团的前身曾是欧洲知名传媒集团——德国基尔希集团的体育公司，2003年组建成为瑞士盈方体育传媒集团。之后，公司借助瑞士"雅克布斯基金"的投资不断发展壮大，2005年业务开始走向多元化，2011年公司又再度易主为英国私募基金公司——Bridge Point。2015年，万达集团将其收购后迎来全新的发展时期。

目前，瑞士盈方体育传媒集团已成为全球排名第二的体育营销与体育传媒产业公司，能提供专业的体育传媒、体育营销以及体育赛事服务，具备顶级赛事权益的开发能力，并形成了完备的业务链条及组织架构。在拥有大型赛事举办权的13个国家及地区设有超过25个分支机构，2014年营业收入超过8亿欧元，同比增速超过35%，净利润超过0.8亿欧元。

一、瑞士盈方体育传媒集团的产业布局

（一）瑞士盈方体育传媒集团的组织架构

瑞士盈方体育传媒集团已形成清晰的组织架构，集团总部包括盈方意大利、盈方中国、盈方德国、盈方奥地利、盈方法国、盈方芬兰、盈方泛亚、盈方土耳其等分公司；其业务分支主要有主播服务公司、足球媒体公司、资料库管理公司、荣格体育娱乐公司、盈方Aspire、和盈方B2RUN公司等。

瑞士盈方体育传媒集团拥有完备的业务链条，包括：转播服务、赞助服务、中欧体育影响纽带、运动员经纪以及体育咨询（体育赛事运营、市场开发、广告方案、转播技术支持、数字媒体开发）等业务。

（二）瑞士盈方体育传媒集团的核心产业竞争力

1. 积累丰富的产业资源和广泛的战略合作伙伴关系，打造平台入口瑞士盈方体育传媒集团已与超过 160 家赛事组织建立战略合作关系，包括国际足联、国际冰球联合会等权威机构，获得丰富的顶级赛事资源和商业开发权益，同时凭借 30 多年的运营经验，在全球也积累了数百家赞助商、媒体机构合作资源。实际上，盈方集团通过与产业上游的合作为媒体、赞助商提供专属匹配、多样化的内容产品及全方位服务，又通过与下游产业的合作为赛事机构提供强大的媒体和市场平台，成为联结产业链各方利益的重要纽带。

2. 在足球和冬季项目领域实力突出

瑞士盈方体育传媒集团全年赛事日总天数超过 4 000 天，运营的体育项目也超过 25 种，其中最为核心的足球业务资源在全球，拥有 40 个顶级足球赛事的权益，合作方包括 FIFA、世界杯赛、欧洲杯赛等以及 AC 米兰、云达不莱梅等顶级俱乐部，为各级别联赛及俱乐部赛事提供了全方位的服务，并拥有 2018 年、2022 年两届世界杯赛的商业开发权。同时，集团还在冬季运动领域排名第一，拥有全球核心的体育资源，收购完成荷兰裁判体育经纪公司 Referee Sport Marketing，创纪录的代理包括 IIHF、FIS 在内的 7 家国际冬季项目体育联合会，并同时与国际冰球协会、国际雪车联合会等机构建立紧密的合作关系，对我国申办 2022 年冬奥会具有重大的战略意义。此外，公司在夏季运动、时尚体育及耐力运动等方面也有所建树。

3. 全球最大的体育电视节目制作及转播公司

瑞士盈方体育传媒集团所拥有权益的媒体转播总时长高达 3 万小时/年，可为客户提供最具创新型的解决方案，其全资子公司 HBS 主要负责国际赛事转播，2002 年起成为世界杯的主转播商，此外公司还开展全高清制作、小型项目制作等其他媒体业务。

4. 重视中国市场开发，CBA 运营成为经典

盈方中国成立于 2003 年，之后陆续签约 CBA、中国国家男子篮球队、中国国家男女足球队，成为首家与我国顶级联赛合作的海外体育传媒公司，提供体育咨询、赞助商、转播、球员经纪等全方位服务，并拓展"欢乐跑中国"等时尚体育模块。在其运作期间，CBA 已成为中国最受欢迎的职业体育赛事和体育营销平台，赞助商数量达到几十家，包括李宁、

一汽大众、埃克森美孚等公司，影响力及商业开发潜力持续上升。相对而言，盈方自2006—2009年介入中国足球产业的运营却并不成功，最终以赞助商流失、项目退出而告终。

二、瑞士盈方体育传媒集团的发展经验

（一）构建覆盖全体育产业链的生态模式

瑞士盈方体育传媒集团依靠实力雄厚的股东，布局上游赛事资源，掌控全球最核心、最优质的体育资源，构建竞争壁垒。凭借丰富的市场化商业运营经验，从单一业务起家，多元化发展，最终构建覆盖全体育产业链的生态模式，并通过国际化将商业模式不断复制扩张。

掌控赛事资源，多年经营积累赞助商伙伴。依托丰富的产业资源和广泛的战略合作伙伴，构建以体育赛事版权为核心的体育传媒生态。

（二）打通体育传媒产业链，发挥入口平台价值

欧美体育传媒产业公司的业务结构一般包括赛事运营、赛事转播权运营、体育咨询、体育节目制作发行及明星经纪5种类型，由此形成的产业链涵盖赛事权益版权方、体育传媒公司、赞助商、体育明星及媒体等，其中体育传媒公司作为中介机构处于产业链的中游，是联结上下游资源的入口平台及利益协调者，从获得赛事权益版权到最终媒体曝光体现出较高的综合运营能力，且一旦打通链条更会形成良性循环，实现各方利益最大化。更重要的是，与上游企业关系紧密，尤其是能够掌控独家稀缺版权及转播权的体育传媒公司对其他参与方将形成强大的吸引力，相反与中下游企业关系紧密，尤其是积累了较多高质量、长期合作的赞助商、媒体、明星资源的体育传媒公司也会在获取赛事资源上占据优势。

瑞士盈方体育传媒集团的变现形式主要是围绕转播权及赛事运营两项业务展开，在转播权运营中，作为专业中介机构从体育权益版权方以购买或授权的方式获得转播权，再以出售或分成的形式与电视台、网络媒体等媒介机构合作，最终通过广告的形式获利。而在赛事运营中，企业从体育版权方购买获得版权，再通过赞助、冠名等全方位商业开发体现运营价值。

复习思考题

1. 简述体育传媒产业品牌定位的内容。
2. 简述体育传媒产业的服务延伸内容。
3. 举例说明体育传媒产业的版权合作与产业集群方式。
4. 举例说明体育传媒产业的资本运营与国际布局。

参考文献

1. 芮明杰. 产业经济学 [M]. 2版. 上海：上海财经大学出版社，2012.
2. 赵曙光. 媒介经济学 [M]. 北京：清华大学出版社，2007.
3. 张辉锋. 传媒经济学案例教程 [M]. 北京：中国人民大学出版社，2011.
4. 童兵. 技术、制度与媒介变迁：中国改革开放30年论集 [M]. 上海：复旦大学出版社，2009.
5. 吴小坤，吴信训. 美国新媒介产业 [M]. 北京：中国国际广播出版社，2009.
6. 张德胜. 媒体体育与体育媒体 [M]. 武汉：华中科技大学出版社，2015.

第七章 体育传媒产业的发展趋势

随着信息技术的创新与扩散,"融合"成为一种具有普遍性的产业发展趋势,体育传媒产业也不例外。在体育传媒产业的发展趋势中,持续性的技术变革对媒介影响深远,并且全球的资源配置正在成为体育传媒产业向前推进的核心理念。

全球化、信息化、产业化融合是世界经济发展的动力,同时也是未来的发展趋势。接轨国际市场、面对国际竞争、参与国际分工、掌握国际话语权,这是我国体育传媒产业发展的必然指向;传播体育文化、促进国际沟通、推进沟通平等,这也是全球体育传媒产业发展的追求与使命。

第一节 持续性的技术变革

在过去的半个世纪，对于体育迷而言，电视是发展速度最快、最吸引人的媒体。人们在家中、在酒吧、在广场观看比赛直播、专题集锦和体育新闻等。广播电视长期成为人们接收信息的主要渠道，体育传媒产业也围绕着广播电视而构建。①随着互联网尤其是移动互联网的兴起，伴随着智能手机、平板电脑的普及以及 AI、VR 技术的登场，广播电视一统江湖的形式正在发生变化。

技术变革的不断持续，改变了受众获取信息的途径与模式。各类数字新媒体的涌现，预示着传统媒体的影响力逐步被瓦解，广播电视不再占据绝对的统治地位。不确定的媒体构架、媒介技术及新闻操作方式，是体育传媒产业发展变革的根源。

一、基础设施革新：移动互联网、人工智能

2008 年是传媒产业、体育产业的重要时刻。这一年，苹果智能手机正式亮相，北京奥运会盛大举行。前者改变了传媒业的基础设施，后者是奥林匹克运动的全球号召力在网络媒体中的第一次体现。据统计，2008 年北京奥运会第一天的网络数据流量比 2004 年雅典奥运会所有天数的总和还要多。有报道称，约 5 300 万名中国观众、2 200 万名拉丁美洲观众和 5 100 万名欧洲观众在个人电脑上通过网络直播观看了北京奥运会的盛况。

2012 年伦敦奥运会，英国广播公司每天在网络平台发布 5 000 小时时长的视频，成为奥运会转播的重要组成部分。根据国际奥委会和英国广播公司的分析，世界范围内的大型体育和媒体组织都认同互联网在当下和未来信息传播的战略性地位。

移动互联网给 2016 年里约奥运会带来的变化则显得更为迅猛。根据彭博情报机构统计的数据，美国全国广播公司（NBC）黄金时段奥运体育赛事

---

① ［澳］布雷特·哈金斯，大卫·罗维. 新媒体与体育传播［M］. 张宏伟译. 北京：中国传媒大学出版社，2016：2.

的收视率比四年前伦敦奥运会下滑17%,18~49岁人群的收视率下滑25%,这也是2000年以来,夏季奥林匹克运动会收视率的首次下滑。同时意味着奥运会的收视人群正在变老,这是广告商所不愿意看到的,广告商更想触及的人群是年轻的"千禧一代"。NBC希望通过给观众不同的收视选项,从奥运会的投资中盈利。比如,2016年上半年NBC就进行了长达6 000小时的网上直播,并且允许美国新闻聚合网站Buzz Feed运营奥运会的Snapchat频道。里约奥运会闭幕前夕,NBC Sports的App和网站流媒体直播的独立用户数量达到7 800万人,比四年前伦敦奥运会上升了24%。数据显示,98%的观众仍然是收看奥运会电视转播的,但是年轻的"千禧一代",黄金时段通常是他们自己做主的时间,他们希望用自己的方式观看比赛,这也是为什么体育传媒机构要不断去适应年轻消费人群的收视行为,让转播渠道更加多样化。

经过三届奥运会周期的转播基础设施革新之后,基于4G网络的移动互联网已经成为体育传媒产业的重要基石,也是整个传媒文化产业的主要载体,这在很大程度上改变了传媒产业的生态结构。

"4G"指的是第四代移动通信技术,能够快速传输数据、高质量、音频、视频和图像等。4G能够以100 Mbps以上的速度下载,能够满足几乎所有用户对于无线网络服务的要求。"5G"是4G之后的延伸,5G网络的理论下行速度为10GB/s(相当于下载速度1.25GB/s)。未来5G网络正朝着网络多元化、宽带化、综合化、智能化的方向发展。随着各种智能终端的普及,2020年以后移动数据流量将呈现爆炸式增长。①

高速率的网络传输是信息传递的保障,也是体育传媒产业向前发展的物质基础。与此同时,人工智能的发展,提升了体育信息的搜集、分发、处理能力,也让体育传媒有了新的发展空间。

人工智能,英文缩写为AI。它是研究、开发用于模拟、延伸和扩展人类智能的理论、方法、技术及应用系统的一门新的技术科学。人工智能是计算机科学的一个分支,它企图了解智能的实质,并生产出一种新的能以人类智能相似的方式做出反应的智能机器,该领域的研究包括机器人、语言识别、图像识别、自然语言处理和专家系统等。人工智能从诞生以来,理论和

---

① 肖显芬.5G移动通信的发展趋势以及技术研究[J].中外企业家,2016(8).

技术日益成熟，应用领域也不断扩大，可以设想，未来人工智能带来的科技产品，将会是人类智慧的"容器"。人工智能可以对人的意识、思维的信息过程进行模拟。①人工智能应用到传媒产业中，可以胜任一些通常需要人类才能完成的复杂工作。

在体育传媒产业的重点内容——介质视频影像方面，人工智能的未来发展趋势将体现在这些功能上：智能视频剪辑和视频的个性推荐、情感的察觉和内容推荐、跨类型的内容推荐、视频发布的智能管理和推荐、内容的自动创建、实时技术问题的定位及修复、培养更智慧的业务团队。

再以新媒体领域的人工智能新闻写作为例，它将内容生产范式从UGC机器、PGC和OGC转换为算法生成内容，这一改变影响深远。AI对于体育传媒产业的内容生产模式的重构产生的主要影响包括：（1）互联网发展"下半场"的关键词是数据化和智能化；（2）人工智能未必是万能的，机器新闻写作不能完全取代新闻记者的地位和价值；（3）人机协同是未来传媒生产分发的主流模式；（4）人工智能的发展所提出的、值得警惕和研究的问题是非常深刻而重大的。

二、多屏传播模式：注意力再分配和供需新矛盾

随着智能手机、社交软件和网络速率等基础设施的迅速升级，以音视频为主要载体的网络视听逐渐成为受众的主动选择。截至2017年6月，中国网络视频用户规模达5.65亿人，网络音频用户规模达5.24亿人，用户使用率分别达到了75.2%与69.8%。崛起的网络视听是体育传媒内容的主体部分，除此之外还有图片、动图、表情包等可视化内容。

近年来，新媒体环境下的"体育多屏传播"已发展成为体育传媒产业中的普遍状态。手机、平板、电脑、电视、电影、户外屏等组成了多屏传播生态圈，以体育赛事、体育明星各类影像为基础的视觉内容在多样化渠道和多元化载体上运营、传播。

长期以来，体育电视媒体的节目主要是提供给电视屏幕播放，其镜头语言、逻辑结构、声音效果都是围绕电视屏幕这一个终端出口来设计的。但是在新媒体平台中的视听产品，虽然脱胎于传统广播电视节目，但没有延续常

---

① 马凌云.人工智能仍需冷思考，莫使热潮变寒潮[J].中国工程咨询，2018（1）.

用的节目摄制惯例,而是缩短时长,增加了特写镜头、字幕表述,以适应小屏幕的传播,同时也考虑在非传统观看模式下无声状态的传播效果。与此同时,传统意义上的电视节目也和户外大屏、电影银幕等大画幅传播打通,体育电影也成为某些时段社会文化话题的中心。

在多屏传播生态圈中,受众的心态和行为也有了明显的变化,不仅包括注意力的重新分配,还有海量的观看选择和优质观看体验之间的矛盾以及因此而产生的观看行为高频化、移动化和个人化。

从渠道层面来看,受众的注意力出现了分化,日益多元。经过多年变革,受众在当今社会中获取影像信息的渠道已基本成型,形成了传统纸质端、手机移动端、PC桌面端以及客厅、户外、影院等其他大屏相结合的多屏传播格局。在这种载体丰富并存的情况下,受众的注意力经过了重新分配,不再像以往只局限于少数固定渠道,而是在各种渠道之间穿插、交互、共用。

从内容层面来看,多屏格局带来的受众注意力再分配,对于单个视觉内容产品的影响是积极有益的。比如,运动会开幕式直播可以在不同播放载体上观看,满足了受众在不同状态下的同一观看目标,甚至可以在保持受众原本线形行为状态的同时,不间断地观看同一节目,这在传统意义上的视听传播链条中是无法实现的,这种情况也有利于受众注意力在单个视听产品上的聚集和延续。

多屏传播下受众注意力经过了重新分配,这对体育赛事和体育新闻的发展利大于弊,积极地影响着体育视觉内容的生产和传播。从生产的角度而言,体育视觉内容要更多考虑到受众的新型观看需求,通过缩短单一内容的时长、关注小屏幕的观看效果、增加更具网感的字幕和特效等方式。从传播的角度而言,从手机屏到电脑屏再到电视屏甚至电影银幕,如何实现贯穿式传播,也考验体育视听产品策划、制作、传播的质量追求和流程控制。

近年来,视觉内容的总量呈爆炸式增长,2015年上半年至2017年上半年,全网视频内容的流量持续快速增长,同比增速均在60%以上;2017年仅半年时间,全网点击量已达6 332.3亿次。

受众面临着前所未有的海量观看选择,这种选择不仅体现在数量上,也体现在观看方式上。在多屏传播格局下,受众的观看方式日益高频化、移动化和个人化,并逐渐从无目的的接收者变为有目的的使用者、从消极受众变为积极受众。从发展的角度而言，受众的观看需求在不断升级，有着更强的观看欲望，也具备更高的视觉教养，体育传媒产业内容生产在数量上的增长并不能掩盖质量无法同步跟进的现实。

第二节 多边市场平台

自从传媒产业化以来，市场机制在传媒产业发展中的作用日益增强，一些体育传媒机构的影响力和竞争力不断增加，规模经济效应也日益凸显。与此同时，一些体育传媒机构的市场垄断力量也大大增强，体育传媒产业的竞争活力受到一定限制。如何构建合理高效的市场结构，形成有效竞争的生态，提升市场各级主体的积极性，推进产业融合，建立多边的市场平台，是体育传媒产业发展中的重要内容。

一、有效竞争：构建合理高效的市场结构

在市场经济条件下，自由竞争的经济充满了活力。为了提高在市场中的竞争力，市场主体千方百计地追求规模经济，这种行为反过来却降低了竞争的活力。在经济学研究中，马歇尔首先注意到这个问题。因此，市场经济中企业追求规模经济和提高竞争活力之间存在的顾此失彼的难题，被称为"马歇尔冲突"。

马歇尔的研究显示，为了追求规模经济，企业扩大规模后导致垄断。垄断的存在有两个明显的缺陷：（1）企业规模扩大之后，控制价格的力量随之提高，制约了自由竞争，降低了竞争活力；（2）垄断导致价格提高，损害了消费者的利益，影响了社会资源的有效配置。因此，在马歇尔看来，规模经济和竞争活力成了两难选择。1940年6月，美国经济学家克拉克在探讨如何克服"马歇尔冲突"时，通过大量的实证调查研究之后在《美国经济评论》上发表了《有效竞争的概念》一文，首次提出了"有效竞争"理论。

所谓有效竞争是指将规模经济和竞争活力两者有效协调起来，实现短期均衡与长期均衡协调的竞争格局。有效竞争概念包含两个变量，即规模经济和竞争活力。前者是一个可以量化的客观存在，后者则是一个不能量化的抽

象概念。①

具体到我国体育传媒产业，其市场结构的特征是：市场集中度较高，市场规模较小，规模经济效益不明显，大型体育传媒存在寡头垄断现象，在中小型体育传媒中又存在过度竞争的情况。同时，在区域分割、行业壁垒、体制机制等因素的综合作用下，我国体育传媒产业的市场结构也会阻碍整体市场绩效的提升。因此，构建合理高效的市场结构，是体育传媒产业发展趋向中不可忽视的环节。

根据对产业组织理论的相关研究，寡头垄断是一种高效率的市场结构形态，在现实中的各国资本、技术密集型产业中，几乎所有的重大技术创新都源于垄断型大企业。对于体育传媒产业而言，因其体量相对较小，覆盖面相对垂直，给寡头垄断提供了更好的土壤。因此，寡头垄断市场结构也是我国体育传媒产业市场结构建构的目标，尤其是要建立起寡头与寡头之间的关联机制，形成既竞争又合作的良性循环，这样实现的市场绩效要比完全垄断或者无序竞争更好。

市场结构优化的路径一般有两条：一是运用政府制度体系，主动调节市场结构；二是通过市场竞争机制，在竞争中实现优胜劣汰，达到产业集中、结构优化。纵观发达国家体育传媒产业的发展历史，一般都是两种手段共同使用，以其中一种为主。

从体育传媒产业当前的发展现实来看，应该采用双管齐下的策略，以制度体系调节为依据，以市场机制调节为主要动力。因为，单靠政策调节会抑制市场活力，违背市场规律，脱离现实需求，导致"超经济"垄断力量的出现；单靠市场力量来解决，会造成资源浪费，无法集中力量办大事。从国际惯例来看，通过竞争机制优化传媒产业市场结构的行为很常见，但是在中国，由于传媒产业监管体系的特点，市场竞争机制易受到一定程度的约束。

具体到体育传媒产业，在整个传媒产业中属于监管相对宽松、市场化程度更高的领域，更适合释放竞争机制的活力，通过市场竞争来优化体育传媒产业市场结构，具体的发展趋势可参考以下路径：

1. 管理政策分开

优化体育传媒产业市场结构，必须将新闻政策、体育政策与传媒产业组

---

① 陶喜红.中国传媒产业市场结构演变研究[M].北京：中国社会科学出版社，2013：206.

织政策分开。体育传媒产业的管理政策，分为新闻政策、体育政策和产业组织政策，新闻政策主要是对传媒内容的管理，体育政策主要是对体育事业的管理，产业组织政策主要是对传媒产业市场主体经营行为的管理。由于管理目的、性质、标准和方式的不同，三方面管理政策分开才是提升体育传媒产业发展速度和能级的必要条件。

2. 打破条块分割

我国体育传媒产业长期以来面临最突出的问题是市场分割，主要体现在两个方面，一是区域分割，一是媒介分割。由于不同机构的管理主体不同，传媒在区域分割的基础上又被主管部门再次分割。现如今，这些状态有了一定的变化，尤其是媒介分割被逐渐打破。以移动互联网为主战场的新型体育传媒机构，从诞生之时就没有市场分割的先天不足，突破了传统的边界和介质局限。但是因为新型体育传媒机构的体量尚小，大型体育传媒机构的条块分割还需进一步破冰。

3. 推动产业融合

产业融合是当今体育传媒产业发展面临的难得机会。产业融合的推进与制度变革、技术创新等因素有很大关系。为了获取更大的经济效益，体育传媒机构自身也是产业融合的积极推动者和实践者，需在融合过程中实现规模扩张、效益提升和竞争力升级。产业融合提升了规模经济效益和竞争活力，逐渐形成以大型体育传媒机构为主导，大、中、小型传媒机构协作共生的网络寡占型市场结构，为多边市场的形成奠定了基础。

二、主体多元：多边群体的策略

体育传媒产业在技术变革和产业融合的进程中，微观运作机制和宏观发展环境都发生了巨大变化：产业体系内部从基础性技术、数据格式到产业链、产业运作模式彻底转变；不同产业之间从产业关联、竞争内容和竞争方式、竞争格局全面变革。体育传媒产业的主体日益多元，产业分工急剧改变，产业链更新重组，多边群体的关系在产业融合过程中重新发酵，相互交织，相互影响。

产业链是指从原材料到产品生产和最终到达消费者的过程，是物质流动、价值转移并再创造的过程。产业链的形成以企业之间的分工合作为前提，一般包括供应商、制造商、分销商和消费者4个部分。对于体育传媒产业链，原材料是体育赛事，供应商是赛事组织者，制造商和分销商是体育传媒机构，消费者就是广大体育受众。在这条产业链中，并不具备唯一性的主体，每个环节都无法脱离其他环节而单独存在，每个主体也是无法替代的。即没有最顶层的控制性主体，而是各主体之间相互制约，形成多元态势。

体育传媒产业的发展过程，也是多元主体之间及其与其他产业之间不断分工、产业链持续变动的过程，最终将形成对多个产业的产业链重构，不仅仅局限在传媒、体育或文化领域，金融、地产、环保、快速消费等领域的市场主体也以不同的方式参与到体育传媒产业链之中。从微观的角度来看，产业和政府、机构、企业关联的诸多变化将引发多个相关利益主体的反复博弈与共生；从宏观的角度来看，体育传媒产业结构的调整和升级，需要形成基于新的产业链的竞争合作机制、沟通协调机制、利益分配机制、监督激励机制等一系列相关运行机制。在体育传媒产业发展进程中，多元主体的产业链重组还需要一个长期而渐进的过程。

在主体多元化的趋势下，体育传媒产业需采取多边群体的策略，以适应各方面的客观要求。多边群体是指产业价值链条中多元主体相互作用、交叉融合而形成的各具功能特点的群体结构，各群体之间的协同能力和创新能力直接关系到产业竞争优势的塑造。

协同能力对体育传媒产业的生产和发展至关重要。不同产业（企业、机构）的核心竞争力、资源占有情况的差异性是协同需求产生的根源。通过形成协同关系，可实现产业价值链的集成统一，产生协同效应。体育传媒产业正处于移动互联网大繁荣的网络经济时代，多边群体的相互介入、联结使得产业运作已经远远超过了原有的关联范围。仅仅依靠原有的传媒产业体系，已无法完成生产流程的更新和产业价值的重建。另一方面，强大的互联网效应又使体育传媒产业需要通过不断扩大产业关联网络、组建产业联盟以获取市场份额、提升经营利润、分摊运作风险、提升产业价值。因此，协同能力往往对应着协同效应，也对应着增值潜力、可持续发展潜力，使体育传媒产业的适应性、灵活性和兼容性得到提升。①

创新能力是体育传媒产业竞争优势的原动力。创新理论明确指出，创新

---

① 王润珏. 产业融合趋势下的中国传媒产业发展研究［M］. 北京：中国书籍出版社，2011：225.

是经济概念而非技术概念,小到一家公司,大至一个国家和地区经济发展的速度和水平,在很大程度上取决于创新能力。基本的创新能力包括技术创新和制度创新。对于体育传媒产业而言,技术创新是永恒的主题,是体育信息传向受众方式的不断升级与变革,其不仅对应着受众的需要,也改变着受众的习惯,同时对体育赛事资源的运行也存在着相互作用。从最初的电台广播到电视直播,再到网络直播和手机互联,直至最新的 VR 直播与 AI 接入,技术创新推动着产业发展不断向前。制度创新也是体育传媒产业向前发展的基本保障,如何将体育传媒置于大文化产业中进行考量与管理,如何提升体育传媒产业的能级,如何提供有利于多元主体共存共荣的政策环境,都是制度创新的题中之义。

第三节 全球资源配置

20 世纪 60 年代中期,加拿大学者马歇尔·麦克卢汉在其著作中写道:随着电子媒介的崛起,"我们的感知能力在全球环境下得以扩展"。麦克卢汉认为电子媒介的崛起标志着人类历史进入一个新时期。第一次,物理距离不再是障碍,即时大众传播跨越全球成为可能,由此也诞生了麦克卢汉的"地球村"理论。在地球村里,全世界的人们可以互相交流,他们的距离也被拉近。根据麦克卢汉的理论,这样的一个信息环境强迫我们参与、付出,并不可避免地相互联系,彼此负责。

自从麦克卢汉的著作问世后,大众媒介就朝着本质上真正的全球化稳定地发展。经历了卫星电视、互联网、移动互联网和社交媒体的若干深刻变革后,人们被拉近到史无前例的"瞬间距离"。事实上,体育传媒的全球化是与生俱来的,因为体育运动的传播主要是体育赛事的传播,体育赛事是高度国际化的人类行为。[1]在体育传媒产业的发展趋向中,需要重点考量全球资源配置背景下的产业形态、市场结构、国际协作和文化竞争。

---

[1] [美]大卫·克罗图,威廉·霍伊尼斯. 媒介·社会:产业、形象与受众[M]. 邱凌译. 北京:北京大学出版社,2009:393.

一、跨越文化界限的体育传媒

全球化不仅仅是远距离通信技术、社交媒体的技术创新，它也涉及世界上不同地区文化的交流与合并。尤其是体育传媒，其全球化是指作为文化产品的传播内容可在全球范围内获得并分享。

体育是全球化最明显的媒介产品之一，基于印刷的体育媒介，在某种程度上是国际化的，但语言文字和投递成本限制了影响范围。电视电影类的可视化体育媒介更容易让人们接受，因为观众不必具备文化素质就能够享用，尽管也存在着语言文字的限制，但体育赛事的核心内容可以跨越国界和文化而传播，所以体育传媒以及体育文化的全球化具备了相当深厚的认知基础。

随着体育传媒产业发展而推动的体育文化全球化体现在以下三个方面：

1. 体育赛事的传播边界扩展得越来越远

全世界的观众都能在相同时间观看奥运会、世界杯赛或者 NBA，这样的多样性反映了不同种类的体育赛事和体育文化跨文化传播的广泛性。

2. 推动了不同文化间体育的交流

多年来，美国的篮球、橄榄球等强势体育文化在全球范围内得到了广泛传播与认可。然而，随着中国的国际影响力不断扩大，中国传统体育文化在国外的传播也日益繁荣。体育运动的文化因素被融入不同的文化背景之中，有了更多的交流。

3. 年轻群体融入不同的体育文化要素，形成了新的混合体

比如，街舞和滑板等街头体育运动逐渐融入东西方各类青年群体之中，产生了同类而又不同样的体育文化形态。

体育传媒产业发展所推进的体育全球化愿景，显示出一种全新的尚未完成的状态，评论家们不认为各种体育文化的结合代表了不同文化群体的主动融合，无论进程如何，体育传媒和体育文化的全球化都以新的方式穿越了人类的文化疆界。

移动互联网和社交媒体出现以来，人类的信息从单向流动转变为互动交汇为主的流动。人们可以通过程序和硬件与传媒"沟通"，这种言论的多样性、信息的爆炸性，扩展了知识的范围，让公众可以获得关于世界不同地区、不同方面的信息。观点与看法的公开讨论，信息与现实的快速传递，这些都促进了不同国家与文化间的进一步了解和交融。

然而，大众媒介全球化的动力是商业利益，当前，体育传媒资源仍高度集中在体育和传媒都很强盛的发达国家中。因此，反思体育传媒全球化的平等性，提升产业结构的全球意识，以达到更大范围更多层次的信息传播，是体育传媒产业发展的重要目标。

二、建立新时代背景下的全球意识

从某种意义上讲，全球化媒介的所有权和控制权并没有向全球分散，也没有推动信息向更广泛、更均匀、更普惠的方向流转，仍然集中于几个发达国家和地区。因此，在体育传媒产业发展过程中，需要建立新时代背景下的"全球意识"，主要包括政策、内容、消费三个方面。

1. 政策的全球意识主要指的是体育传媒相关资源的所有权与控制权

目前，体育传媒产业的强势力量为欧美国家、发达国家，这是由体育发展程度和传媒产业市场集中度所决定的。在体育传媒产业未来的全球资源配置中，要重视对体育赛事、体育明星、体育品牌、体育市场、体育媒介、技术力量等资源的所有权和控制权采用收购、兼并、入股、合作等方式，靠近并掌握优质资源。同时，要有长远战略眼光，培育具备市场影响力、竞争活跃度的赛事、明星和媒介，投入时间成本，承担机会成本，从根源上解决所有权与控制权的问题。

2. 内容的全球意识主要指的是全球信息流动

1925年，国际联盟成立了一个委员会负责处理有助于实现和平稳定的传媒决定性策略，在保证减少跨国传播带来误解的前提下，加快新闻传播速度，减少传播费用，并开始讨论解决传播技术问题。因此，媒介在全球范围内的信息传播，初衷是促进和平与理解。就体育传媒而言，内容的全球化流动，更加体现了和平、理解、交融、共享等理念和关键词。但是，作为发展中国家，常常认为信息的制造与分配严重倾向于西方发达国家，认为西方国家持续保持对国际信息流动的控制，因此，建立内容的全球意识，促进全球信息流动的相对公平和开放，是未来全球化体育传媒产业发展的必由之路。

3. 消费的全球意识主要指生产与商品全球化

生产全球化是体育传媒产业关系转变的深刻体现，特别是处于融合进程中的体育传媒产业具有显著的知识密集、技术密集和资本密集的特征，在生产能力、资源优势、产业环境等因素的影响下，体育传媒产业的内容生产分工逐渐呈现集聚特征，例如，我国以北京中关村为代表的互联网机构集群、以上海杨浦区为代表的体育产业集群；美国以北卡罗来纳州为代表的赛车产业集群；德国以巴伐利亚州阿迪达斯和彪马总部为代表的运动装备产业集群。这些集群的最大特征之一就是物质生产和文化生产的高度融合，商品在传媒领域主要体现为内容形式。商品全球化是体育传媒全球化发展中最为常见和最基本的形式，即体育传媒的内容产品生产或传媒服务的对象不仅仅是以满足国内市场需求为目标，还要着眼于国际市场需要。这对于跨国传媒集团而言，是基本的工作方式，但是对于体育传媒产业领域的多元主体而言，这仅仅是一个开始，广阔的全球市场还有待更加深入全面地开发。

复习思考题

1. 举例说明新兴技术如何影响体育传媒产业的发展。
2. 简述体育传媒产业的趋势。

参考文献

1. ［美］大卫·克罗图，威廉·霍伊尼斯. 媒介·社会：产业、形象与受众 [M]. 邱凌译. 北京：北京大学出版社，2009.

2. ［美］约翰·奈斯比特. 大趋势：改变我们生活的十个新方向 [M]. 北京：中国社会科学出版社，1984.

3. 傅玉辉. 大媒体产业：从媒介融合到产业融合 [M]. 北京：中国广播影视出版社，2008.

郑重声明

高等教育出版社依法对本书享有专有出版权。任何未经许可的复制、销售行为均违反《中华人民共和国著作权法》，其行为人将承担相应的民事责任和行政责任；构成犯罪的，将被依法追究刑事责任。为了维护市场秩序，保护读者的合法权益，避免读者误用盗版书造成不良后果，我社将配合行政执法部门和司法机关对违法犯罪的单位和个人进行严厉打击。社会各界人士如发现上述侵权行为，希望及时举报，本社将奖励举报有功人员。

反盗版举报电话　　(010) 58581999　58582371　58582488
反盗版举报传真　　(010) 82086060
反盗版举报邮箱　　dd@hep.com.cn
通信地址　　北京市西城区德外大街 4 号
　　　　　　高等教育出版社法律事务与版权管理部
邮政编码　　100120